Félix Lope de Vega y Carpio

Los primeros mártires de Japón

Créditos

Título original: Los primeros mártires de Japón.

© 2024, Red ediciones S.L.

e-mail: info@linkgua.com

Diseño de cubierta: Michel Mallard

ISBN rústica: 978-84-96290-33-4.
ISBN ebook: 978-84-9897-739-4.

Cualquier forma de reproducción, distribución, comunicación pública o transformación de esta obra solo puede ser realizada con la autorización de sus titulares, salvo excepción prevista por la ley. Diríjase a CEDRO (Centro Español de Derechos Reprográficos, www.cedro.org) si necesita fotocopiar, escanear o hacer copias digitales de algún fragmento de esta obra.

Sumario

Créditos _____ 4

Brevísima presentación _____ 7
   La vida _____ 7
   El pasado colonial _____ 7

Personajes _____ 8

Jornada primera _____ 9

Jornada segunda _____ 49

Jornada tercera _____ 89

Libros a la carta _____ 121

Brevísima presentación

La vida
Félix Lope de Vega y Carpio (Madrid, 1562-Madrid, 1635). España.
Nació en una familia modesta, estudió con los jesuitas y no terminó la universidad en Alcalá de Henares, parece que por asuntos amorosos. Tras su ruptura con Elena Osorio (Filis en sus poemas), su gran amor de juventud, Lope escribió libelos contra la familia de ésta. Por ello fue procesado y desterrado en 1588, año en que se casó con Isabel de Urbina (Belisa).
Pasó los dos primeros años en Valencia, y luego en Alba de Tormes, al servicio del duque de Alba. En 1594, tras fallecer su esposa y su hija, fue perdonado y volvió a Madrid. Allí tuvo una relación amorosa con una actriz, Micaela Luján (Camila Lucinda) con la que tuvo mucha descendencia, hecho que no impidió su segundo matrimonio, con Juana Guardo, del que nacieron dos hijos.
Entonces era uno de los autores más populares y aclamados de la Corte. En 1605 entró al servicio del duque de Sessa como secretario, aunque también actuó como intermediario amoroso de éste. La desgracia marcó sus últimos años: Marta de Nevares una de sus últimas amantes quedó ciega en 1625, perdió la razón y murió en 1632. También murió su hijo Lope Félix. La soledad, el sufrimiento, la enfermedad, o los problemas económicos no le impidieron escribir.

El pasado colonial
Los primeros mártires de Japón incluye una extraña especulación en torno a la conversión del shogún japonés al cristianismo. Junto a la voluntad de evangelización del texto —los mártires mueren en nombre de Cristo— aparece un retrato de las intrigas palaciegas de la corte del shogún y se ve, como trasfondo, el estilo del colonialismo español, fundado, entre otras cosas, en la transmisión del cristianismo.

Personajes

Rey de Bombura
Rey de Singo
Rey de Amanqui
Emperador
Alcaide
Guale
Mangazil
Nerea
Quildora
Rey de Siguén
Tayco Soma
Tomás, niño
Un fraile agustino
Un fraile dominico
Un fraile franciscano
Un Indio
Un Soldado

Jornada primera

(Tocan cajas; sacan cuatro indios al emperador Jisonén en hombros, pónenle en un trono; delante de él salen cuatro reyes con sus coronas.)

Rey de Bombura	Emperador invicto del Poniente,	
	donde el Sol soberano,	
	por coronar tu frente,	
	de nueva luz se ostenta más ufano:	
	setenta y cuatro reyes	5
	a sujetarse vienen a tus leyes,	
	y en este campo ameno,	
	de variedad y de hermosura lleno,	
	como en este hemisferio	
	es costumbre heredada del Imperio,	10
	para dar la obediencia,	
	estamos esperando tu presencia.	
Rey de Singo	Goces por tantos siglos el gobierno,	
	que pases de mortal a ser eterno,	
	y por edades tantas	15
	te sirvan de tapetes a tus plantas	
	tantas coronas bellas,	
	porque corones más que el Sol estrellas;	
	cuando el honor de tu poder avises,	
	en carro de metal dichoso pises.	20
Rey de Amanqui	Y a pesar del olvido,	
	vivas, cuanto adorado, obedecido.	

(Pónenle los tres reyes las coronas a los pies en el trono, y el Rey de Siguén se queda a un lado del tablado, sin llegar.)

Emperador	Rey de Siguén, ¿no llegas?

¿Cómo tú solo me obediencia niegas,
y tu corona en mi presencia tienes   25
sin rendirla a mis plantas con tus sienes?

Rey de Siguén   Yo, Emperador, no me llego
porque no es bien que me humille
a quien con tirano imperio
el Japón hermoso rige.   30
Yo no vine a obedecerte,
aunque a aqueste tiempo vine;
que los vasallos leales,
a solo su Rey se rinden.
Tayco Soma, que dichoso   35
en etérea mansión vive,
y al lado del Sol eterno,
términos al cielo mide,
al tiempo que lo divino
de lo mortal se despide,   40
y su espíritu glorioso
al ajeno cuerpo asiste,
a Tayco, su hermoso hijo,
joven a quien toca libre
el cetro que agora ocupas   45
y la corona que ciñes,
siendo Rey, como nosotros,
te encargó, para que firme
estuviese en este Imperio,
a tus consejos humilde.   50
Tú, pues, que soberbio siempre,
de sola ambición te vistes,
notando que de seis años
era estorbarlo imposible,
le envías a aquesta torre,   55
que trepando altiva y libre

por las regiones del aire,
con las estrellas compite.
De su libertad tirano,
inocente le pusiste 60
donde con guardas le ocupas
y con prisiones le oprimes;
y en vez de dalle obediencia
como a Emperador insigne,
y verle tratar sin gente 65
que tu miedo le permite,
como a un bárbaro le tienes
solo, sin que comunique
igual a su nacimiento
las grandezas de su origen. 70
Quince años ha que es guardado,
y en este tiempo pudiste
atraerte a tu obediencia
tantos reyes invencibles.
Pero yo, aunque más triunfante 75
en este lugar te mire,
y más que en el campo flores,
corona de reyes pises,
la que mi cabeza adorna
jamás la verás rendirse 80
sino a legítimo dueño
de tantas islas felices.
Vuestro Rey es Tayco Soma;
y aunque como muerto vive,
no permitáis que un tirano 85
vuestro Emperador os quite;
dadles todos libertad,
y si queréis verle libre,
la torre de Usaca está:
seguidme todos, seguidme. 90

(Vase, y levántase el Emperador en el trono.)

Emperador	Espera, cobarde, espera;	
	que aunque la carrera limites	
	del Sol, con mayor aliento	
	podrá mi furor seguirte;	
	industria, no tiranía,	95
	estas glorias me permite,	
	y ninguno, por reinar,	
	nombre de traidor recibe.	
	¿Qué importa heredado imperio?	
	Heredado, honor, ¿qué sirve?	100
	Quien por sí no lo merece,	
	de ajenas plumas se viste.	
	Y porque de mi poder	
	hoy el rigor abomines,	
	espera para tu muerte	105
	que al arco la cuerda vibre.	
	Conocerás si es forzoso	
	que me adores y me envidies,	
	que me temas y obedezcas,	
	que me respetes y estimes.	110

(Pone la flecha en el arco, y pónense delante.)

Rey de Singo	Espérate, Tayco Soma:	
	ni le, apuntes ni le tires;	
	que no es bien que de su sangre	
	tantos reyes participen.	
Rey de Siguén	Cuando mandaste llamarnos,	115
	salvoconducto nos diste	
	de que volveremos todos	

	a ver nuestros reinos libres;	
	y si tu palabra falta,	
	faltaremos a servirte,	120
	padeciendo aqueste Imperio	
	infames guerras civiles.	
Emperador	¿Quién puede al Rey de Siguén	
	haber dicho que me prive	
	de esta gloria que merezco,	125
	atropellando imposibles?	
	¿Quién contra mí le aconseja?	
Rey de Bombura	Yo podré mejor decirte	
	la causa, porque la sé;	
	yo fui cristiano.	130
Emperador	Prosigue.	
Rey de Bombura	Por conocer nuevos dioses	
	dejé la ley que ellos siguen,	
	y así sé de los cristianos	
	los intentos y los fines.	135
	Estos, al Rey de Siguén	
	y a todos los otros dicen	
	que eres tirano soberbio,	
	y que injustamente asistes	
	por señor de aqueste Imperio;	140
	que del trono te derriben,	
	pues no puedes poseerle	
	mientras Tayco Soma vive.	
	Son, señor, estos cristianos,	
	en su condición, terribles,	145
	soberbios, locos y altivos,	
	y que, fingiéndose humildes,	

	solicitan tus vasallos	
	con apariencias visibles,	
	hasta que dejan su ley	150
	y la de Cristo reciben.	
	Las provincias del Japón	
	tienen hasta sus confines	
	pobladas de sacerdotes,	
	que sus doctrinas prediquen.	155
	Destiérralos de tu Imperio,	
	verás qué seguro vives	
	de traiciones y de engaños	
	por muchos siglos felices.	
Emperador	¡Que el poder de mis manos	160
	ignoren estos bárbaros cristianos,	
	y con bárbaro intento	
	iguale a mi poder su atrevimiento!	
	¡Que no teman mi furia!	
	mas con su sangre lavaré mi injuria;	165
	y, ¡vive el Sol!, de quien el ser recibo,	
	que no me ha de quedar cristiano vivo:	
	búsquense todos luego;	
	que los he de acabar a sangre y fuego.	
	Y tú, Rey de Bombura,	170
	para que mi corona esté segura,	
	el cargo al punto toma,	
	oprime su cerviz, su cuello doma;	
	al español destierra,	
	no me quede ninguno en esta tierra;	175
	y porque así sosieguen mis intentos,	
	para aquel que quedare	
	busca nuevos rigores y tormentos.	
Rey de Bombura	Por tu valor te juro	

	que ninguno de mí viva seguro,	180
	y corriendo tu Imperio,	
	no ha de quedar en todo su hemisferio	
	sacerdote español que no persiga;	
	y todos los japones bautizados	
	serán atormentados	185
	con cuchillo, con arcos y con fuego,	
	si, como yo, no renegaren luego;	
	veré si así me dejan:	
	inútilmente a un bárbaro aconsejan.	
	¡Que un sacerdote, un español, me impida	190
	gozar mi misma vida,	
	estorbando mi amor!, ¡qué desvarío!	
	Siendo mujer del que es vasallo mío;	
	mas yo me vengaré con estas manos,	
	bebiendo infame sangre de cristianos.	195
Emperador	Algo confuso quedo.	
Rey Mangazil	De esa inútil pasión desecha el miedo.	
Rey de Singo	Con juegos diferentes	
	desmiente la tristeza	
	que en el pecho consientes.	200
Emperador	Volaré de este campo algunas aves	
	de las muchas que en él con alto vuelo	
	remontadas se atreven hasta el cielo,	
	el viento matizando de colores	
	más oque al campo el abril le ha dado flores;	205
	y en cristalina esfera	
	trasladada se ve la primavera,	
	pues confusos parecen	
	cuando a la vista admiración ofrecen,	

	que producen ufanos,	210
	con variedades sumas,	
	el viento flores cuando el campo plumas.	
	¿Qué torre es ésta?	
Rey de Singo	La que a Tayco oculta.	

(Sale un Alcaide, indio viejo.)

Emperador	Mejor dirás que vivo le sepulta.	215
Amarque	Aqueste el Alcaide es	
	que con secreto y cuidado	
	a Tayco Soma ha criado.	
Alcaide	Dame, gran señor, tus pies.	
Emperador	Levanta, alcaide, del suelo	220
Alcaide	Cuando tal ventura toco,	
	desde aquestas plantas, poco	
	será levantarme al cielo.	
	¿Qué novedad te ha traído	
	esta torre, donde tienes	225
	Tayco preso? ¿A qué Vienes?	
Emperador	En la caza divertido,	
	aquestos campos pisé;	
	que no vine con cuidado	
	alguno, y pues he llegado	230
	adonde nunca pensé,	
	decidme, ¿en qué se entretiene	
	en esta desierta casa,	
	Tayco? ¿En qué la vida pasa?	

	¿Qué talle o presencia tiene?	235
	¿Es robusto o es hermoso?	
	¿Es apacible o es fiero?	
	Porque yo le considero	
	ya cobarde, ya animoso,	
	ya muy humilde, ya altivo.	240
	De bélica inclinación	
	y con varia condición,	
	ya noble, ya vengativo.	
	¿Es inclinado a la guerra?	
	¿Tiene buen entendimiento?	245

Alcaide   Señor, de tu pensamiento
                   esa confusión destierra;
                   que no hay causa en él bastante
                   para que en cuidado estés.

Emperador   ¿De qué manera? 250

Alcaide   Porque es
                   un bárbaro, un ignorante;
                   es un simple, un tonto, y tal,
                   que distinguirle podría,
                   la misma filosofía, 255
                   mal de un bruto irracional.
                   Su discurso no consiente
                   actos al entendimiento,
                   porque solo el sentimiento
                   tiene de ánima viviente; 260
                   ni pregunta ni desea
                   saber más de lo que sabe,
                   porque ni tiene ni cabe
                   mayor concepto en su idea.
                   Y aunque discurso tuviera, 265

tan bárbaro se ha criado,
en esta torre encerrado,
que casi imposible fuera
saber más ni sentir más.

Emperador   Quiero verle.   270

Amarque   Por él voy.

Emperador   No quiero sepa quién soy,
y tráele aquí.

Alcaide   Tú verás
la forma que al alma informa;   275
no al alma, que no, conviene
a quien discurso no tiene;
mas espera darte forma.
No ha visto en su vida al Sol,
ni sabe si hay noche o día,   280
ni cómo su luz envía
con su dorado arrebol;
nunca ha visto de la tierra
los ejércitos de flores,
que a las fuentes con amores   285
publican gustosa guerra;
nunca ha visto de la Luna,
señor, la inconstante cara,
ni discurre ni repara
en admiración ninguna;   290
y porque llegues a ver
lo bárbaro que ha vivido,
en su vida ha conocido
ni sabe lo que es mujer;
que solo, en aquesto fundo   295

	su notable imperfección;	
	que sus ignorancias son	
	las cuatro partes del mundo.	

(Sale Amarque.)

Amarque	Hasta la estancia llegué	
	de Tayco, y como me vio,	300
	tanto de mí se admiró,	
	que yo casi lo quedé;	
	y entre muchas turbaciones	
	y un dudar tardo y prolijo,	
	al cabo de un rato dijo,	305
	en mal formadas razones,	
	que si acaso era yo Dios,	
	el mundo mayor hiciera	
	porque en el mundo cupiera,	
	pues solo en él caben dos;	310
	mas ya a tu presencia viene	
	absorto, maravillado.	

(Sale Tayco vestido de piel.)

| Emperador | ¡Gran gusto en velle me ha dado! | |
| | ¡Hermosa presencia tiene! | |

Alcaide	Confuso y ciego se admira,	315
	porque, bárbaro ignorante,	
	siempre con igual semblante	
	al cielo y la tierra mira,	
	al Sol que en fuego le enciende,	
	atrevido a mirar llega,	320
	y como su luz le ciega,	
	quitar los rayos pretende.	

	¡Tayco, Tayco!	
Tayco	¿Quién me nombra?	
Emperador	A la Voz oque le llamó, inadvertido volvió, y se espantó de su sombra.	325
Tayco	¿Quién eres que me persigues? ¿Quién eres que no me dejas? Cuando me acerco, te alejas; cuando me alejo, me sigues.	330
Emperador	¡Ah, Tayco!	
Alcaide	Grandes espantos, de ver tres ha recibido.	
Amarque	Nuevo temor ha sentido.	335
Tayco	¿De cuándo acá somos tantos? ¿No éramos solos los dos?	
Alcaide	Este es mundo diferente; aquí hay más luz y más gente.	
Tayco	¿Quién le crió?	340
Emperador	Solo Dios.	
Tayco	¿Quién es Dios?	
Emperador	El Sol.	

Tayco	¿Cuál es el Sol?	345
Emperador	Aqueste que hermoso, dando esplendor luminoso, sobre aqueste monte ves.	
Tayco	¡Fuera!	
Emperador	¿Dónde Vas?	350
Tayco	No en vano ser Dios como el Sol pretendo, pues por el monte subiendo, lo alcanzaré con la mano, y seré Dios; que también sabré yo dar resplandor.	355
Amarque	¿Quién vio ignorancia mayor?	
Emperador	¡Que aquesto temiendo estén mis sentidos, y que guarde a un bruto, tan reciamente! Quien ni presume ni siente, por fuerza ha de ser cobarde; y no quiero que encerrado viva Tayco Soma ya, y así el Imperio verá, de su error desengañado, que yo tirano no soy, ni ambiciones solicito, pues un bárbaro les quito y un Emperador les doy. Bien dices; la pena esquiva	360 365 370

             de su prisión se limite,
             y por los montes habite,
             donde como bruto viva;
             que no temiendo los daños   375
             de su arrogancia cruel,
             mejor será dar con él
             al Imperio desengaños.

(Quita al Emperador la corona y no se la acierta a poner.)

Tayco   ¡Ay, ay, qué cosa tan bella!

Alcaide   ¡Quita!   380

Amanqui   ¡Aparta!

Emperador   Deja, veré lo que hace.

Tayco   Pensé que había nacido con ella,
                     viéndola en ese lugar.

Alcaide   ¿Qué es lo que quieres hacer?   385

Tayco   Yo no me la sé poner,
                     aunque la supe quitar.

Amanqui   ¡Qué ignorancia!

Emperador   Loco estoy;
                     de contento pierdo el seso,   390
                     rey de Amanqui; yo confieso
                     que más consolado voy;
                     ya no hay cosa que me impida,
                     si el cielo en darme se emplea

	contrario que no desea,	395
	segura tengo la vida.	

(Vase el Emperador y el Rey de Siguén.)

Tayco	¿Fuéronse?	
Alcaide	Sí, ya se fueron.	
Tayco	Déjame echar a tus pies,	
	iamparo de mi inocencia,	400
	padre amado, amigo fiel!	
Alcaide	Álzate, Tayco; ¿qué haces?	
Tayco	Deja que en el suelo esté,	
	porque sirviendo a tus plantas	
	no envidie las glorias de él;	405
	esta industria tuya pudo	
	librarme de la cruel	
	saña de un fiero tirano,	
	y pues el remedio es	
	de mi vida tu lealtad,	410
	en día que salgo a ver	
	el cielo, la tierra, el Sol,	
	será justo que me des	
	más particular noticia	
	porque llegue a conocer	415
	las cosas que imaginadas	
	confusamente formé;	
	simple me mandas fingir,	
	muy poco tengo que hacer,	
	pues solo como ignorante	420
	las verdades fingiré;	

flores, luz, estrellas, rayos,
contemplo; pero no sé
sino los nombres, que ignoro
las propiedades del ser; 425
dime lo más importante,
porque a tu lealtad de fe,
como le debo la vida,
le deba el honor también.

Alcaide Ya, Tayco, libre y confuso, 430
desde aqueste campo ves
tierra varia, cielo hermoso,
viento, nada al parecer.
La tierra nos da sus frutos,
piadosamente cortés; 435
produce las plantas bellas
que agora tus ojos ven.
Compone la primavera
un amoroso vergel,
que en variedad y hermosura 440
un cielo de flores es.
Verás de naturaleza
el apacible pincel
perderse entre los colores
que son de más interés. 445
Síguese el invierno, y luego
sujeto el campo al desdén
del viento, que licencioso
le roba todo su bien,
seco y pálido se muestra, 450
sin conservar ni tener
fino nácar en la rosa,
ni púrpura en el clavel.
Es el viento aquesta esfera

	vaga, insensible, y en él	455
	tienen estancia las aves	
	como en las aguas el pez.	
	Es el mar un monstruo horrible,	
	que aunque, soberbio y cruel,	
	pudiera cubrir la tierra,	460
	guarda obediente la ley	
	del límite que le puso	
	el soberano poder	
	del Sol, que en ardiente esfera	
	cercado de luz se ve.	465
	Ya tú sabes que es el Sol	
	padre universal que fue	
	de todo cuanto hay criado.	

Tayco   Eso quisiera entender,
           por qué le llamamos Dios   470
           al Sol que miro.

Alcaide   ¿Por qué?
           Porque todo lo ilumina
           con su hermoso parecer.
           El Sol es quien nos alumbra,   475
           y su luz hermosa fue
           de Quien tomó ser el mundo;
           verásla al amanecer
           derramar lucientes rayos
           de esplendor y rosicler,   480
           juzgándose luminoso
           de todas las cosas Rey.

Tayco   Aqueste nombre de Dios
           ha puesto en mí un proceder
           con temor o con respeto.   485

	Perdone el Sol esta vez;	
	que aunque ignorante, imagino,	
	Gualemo, que no ha de ser	
	Dios el que tan fácilmente	
	se ha dejado comprender.	490

Alcaide　　¿Por qué no, si fue criado
　　　　　　para ser Dios?

Tayco　　　Pues si fue
　　　　　　criado, tuyo criador,
　　　　　　y no es justo que le den　　　　　495
　　　　　　nombre de Dios a la hechura
　　　　　　falsamente, sino a quien
　　　　　　le crió, pues quien le hizo,
　　　　　　bien le podrá deshacer:
　　　　　　¡bueno fuera que el autor　　　　　500
　　　　　　quisiese descomponer
　　　　　　su máquina, y se quedase
　　　　　　el mundo sin Dios después!

(Sale Amanqui.)

Amanqui　　¿Oyes?

Alcaide　　　Disimula.　　　　　　　　　　505

Amanqui　　¿Dáislo?

Tayco　　　　Dáislo ¿es algo de comer?

Amanqui　　Dice que solo un instante
　　　　　　　a Tayco no le dejéis,
　　　　　　　sino que por estos campos　　　510

	siempre con guardas esté.
Alcaide	Su mandamiento Rëal
es forzoso obedecer.
Amanqui	¿Qué es lo que quieres?
Tayco	Que un poco
de aquese daislo me déis. 515
Amanqui	¿Quién vio simpleza mayor?

(Vase.)

Tayco	Digo que, a mi parecer,
quien para mí ha de ser Dios,
de sí mismo ha de pender. 520
Alcaide	Tuvo el Sol en su principio.
Tayco	¿Tuvo el Sol principio?
Alcaide	¿Pues?
Tayco	Pues el que principio tuvo,
fin por fuerza ha de tener. 525
Alcaide	Si el Sol hubiera nacido
de Sol pudieras, hacer
ese bárbaro discurso,
pero de sí mismo fue
causa y efecto, y no tuvo 530
otro autor para nacer;
que mal pudieran formalle

	manos de hombre o de mujer.	
Tayco	Yo dudé, como ignorante,	
	mas hasme de responder	535
	aquesta necia pregunta:	
	muchas, veces te escuché	
	de mujer el dulce nombre,	
	y engendra en mí cada vez	
	un amor que no es amor,	540
	un temor que no es temer,	
	un deseo que no es nada.	
	Y al fin siento un no sé qué,	
	que, si no es Dios, es, sin duda,	
	bello animal la mujer.	545
	Por el Sol, por Dios te pido	
	que me des a conocer	
	aquesta deidad que ignoro,	
	o que me digas lo que es.	
Alcaide	La mujer es compañera	550
	del hombre, es su mismo ser,	
	y sin ella no podía	
	conservarse el mundo.	
Tayco	A fe	
	que sin miralla me admira,	555
	en mis sentidos crié	
	agora nuevos deseos	
	con interno placer.	
Alcaide	Ya. Tayco, que más capaz	
	y con libertad te ves,	560
	escúchame un rato atento	
	y conocerás mi fe.	

Aquesta torre que miras
ha sido de tu niñez
el ocaso; que tú solo 565
has nacido sin nacer.
Ya sabes con el recato
que yo en ella te crié,
obedeciendo forzado
mandamiento de mi Rey. 570
Ya sabes que en este tiempo
imposible cosa fue
que del Sol la cara hermosa
salieses jamás a ver;
y bien sabes que, piadoso, 575
contra el mandato y la ley
que tenía por noticia,
varias cosas te enseñé;
pero agora que ya puedo
más libremente poner 580
en tus labios un secreto
que tantos años guardé,
decirte quiero quién eres,
porque no es razón que estés
ajeno de tus grandezas, 585
ignorante de tu bien:
tu, de Tayco Soma fuiste
único hijo, y a quien
de aqueste Imperio conviene
el invencible laurel; 590
ya por montes, ya por valles,
baña un arroyo los pies
del jacinto más humilde,
del más altivo ciprés;
pero cuando más soberbio, 595
en el mar entra, y en él

	pierde el brío, porque todo	
	vuelve a su centro después;	
	tú, del mar de aqueste Imperio,	
	fuiste oculto arroyo ayer,	600
	y del centro de la tierra	
	el mundo has salido a ver;	
	el Sol vive, que por fuerza	
	a tu centro has de volver,	
	para que con esto tenga	605
	más descanso mi vejez.	
Tayco	Dame esos pies, padre mío,	
	confiado que si ves	
	el cetro en aquestas manos,	
	y todo el mundo a mis pies,	610
	dueño de tantas grandezas	
	solo lo quisiera ser	
	para dar, agradecido,	
	correspondencia a tus pies.	

(Vanse.)

(Sale el Rey de Bombura y un criado.)

Bombura	Esta religión que alcanza	615
	solo un Dios, y muchos niega,	
	hoy ha de ver dónde llega	
	el brazo, de mi venganza;	
	ese mar que forma soles	
	en las ondas que ha quebrado,	620
	hoy se ha de ver agobiado	
	de cristianos españoles.	
Criado	Aquí vive Mangazil,	

	un Japón que sabe poco,	
	hombre ni cuerdo ni loco,	625
	ni cristiano, ni gentil;	
	de tal gusto y amor es,	
	que alegre con todo pasa,	
	y tiene siempre en su casa	
	españoles.	630

Bombura   Llama, pues.

Criado   ¡Mangazil, el Rey espera
               de Bombura!

(Dentro Mangazil.)

Mangazil   ¡Oh, casa honrada!
               ¡Como quien no dice nada!   635
               ¡Voy volando!

Bombura   De manera
               parecen en mí inmortales
               la crueldad y los enojos,
               que han de ser rayos mis ojos   640
               contra españoles.

Criado   ¿No sales?

Mangazil   Tengo la memoria extraña:
               ¿qué Rey es? Ya ve que son
               más los reyes del Japón   645
               que los títulos de España.

Criado   De Bombura es este Rey.

Mangazil	Por lo menos... ¡Voy volando!	
Bombura	Hombres que están predicando	
	nuevo Dios y nueva ley,	650
	no tendrán vida segura	
	si los dioses inmortales	
	tienen en poco.	
Criado	¿No sales?	
Mangazil	¿El mismo Rey de Bombura?	655
Criado	El mismo.	
Mangazil	¡Cuerpo de tal!...	
	¡Voy volando!	
Bombura	Esos navíos	
	surcarán los mares fieros,	660
	llevando a la India oriental	
	esa gente que pregona	
	infierno y pena al gentil.	
	¡Mueran todos!	
Criado	¡Mangazil,	665
	el Rey te espera!	
Mangazil	¿En persona?	
Criado	Sí.	
Mangazil	Ya es mi casa palacio.	
	¡Voy volando!	670

Criado	Flema tienes: voy volando, y nunca vienes.	

(Sale Mangazil.)

Mangazil	¿No ve que vuelo despacio? ¡Un Rey en la casa mía! ¡Mi dicha no tiene par! Descálzome, para usar la japona cortesía; más acomodada es la que al español ensalza, es la cabeza descalza, y nosotros ambos pies. ¿No es mejor quitar bonetes sin mostrar de rato en rato trece puntos de zapato y catorce de juanete?	675 680 685
Bombura	¿Tú eres gentil o cristiano?	
Mangazil	No haya por eso pesares: yo soy lo que tú mandares, que soy hombre cortesano.	
Bombura	¿Qué Dios adoras?	690
Mangazil	Ninguno, para quitarme de duda al pedir favor y ayuda; dice el cristiano que hay uno, mil dice el Japón, y estoy con tan buenos pensamientos, que, por tenerlos contentos,	 695

	de ninguna parte soy.	
Bombura	¿Qué cristiano solemniza su ley en tu casa?	700
Mangazil	Tres.	
Bombura	¿De qué traje?	
Mangazil	El uno es del color de la ceniza cuando caliente se saca; ni bien grulla, ni bien ciervo; otro que parece urraca.	705
Bombura	Llámales, pues.	
Mangazil	Es tan fuerte tu voz, que ellos han salido sin llamarlos.	710
Bombura	Han venido a su destierro, a su muerte.	

(Salen tres frailes de San Francisco, Santo Domingo y San Agustín.)

Bombura	Ya, sacerdotes cristianos, el supremo Emperador ha cometido el furor de su justicia a mis manos. Ya se logró mi esperanza, ya dichoso siglo viene; que un agraviado no tiene más gloria que su venganza,	715 720

	desde este nuestro Poniente,	
	en sus espaldas el mar,	
	cristianos ha de llevar	
	a las Indias del Oriente.	725
	Salid luego desterrados	
	del Imperio del Japón,	
	y ¡viva la religión	
	que fue de nuestros pasados!	
Fraile franciscano	Quien fue cristiano, ¿comete	730
	delito tan capital?	
	Nuestro Padre provincial,	
	fray Alonso Navarrete.	
	(A Santo Domingo estamos	
	obligados de mil modos.)	735
	Hable, responda por todos;	
	voz y obediencia le damos.	
Fraile dominico	Vuelve, Rey, vuelve en ti mismo;	
	no sigas dioses mortales;	
	no profanes los cristales	740
	de la fuente del bautismo.	
	Hombre que fue bautizado,	
	hombre que ha tenido nombre	
	de cristiano, y a Dios-Hombre	
	costó sangre del costado,	745
	¿le ha de negar, siendo eterno	
	y el que vida y ser nos da,	
	sin temor de que abra ya	
	sus gargantas el infierno?	
	Tú, porque cristiano fuiste,	750
	más te abrasas, más te enciendes;	
	Judas fuiste, a Cristo vendes,	
	pues que su Iglesia vendiste.	

	Darte a Dios, hacerte sabio,	
	¿merece tanta crueldad?	755
	Enseñarte la verdad,	
	¿ha sido injuria ni agravio?	
Bombura	El Emperador solía	
	permitiros en su Imperio;	
	cansóse, y a otro hemisferio,	760
	por ese mar os envía.	
	Quiero dar a los navíos	
	el orden que han de guardar;	
	paciencia y no replicar.	
	¡Ah, pilotos!	765

(Vase.)

Mangazil	Padres míos,	
	ya mi condición es clara,	
	nada me puede enojar;	
	pero a poderme pesar,	
	prometo que me pesara.	770
Fraile dominico	Mangazil, páguete Dios	
	mi hospedaje, hágate un santo.	
Mangazil	No fuera malo, entretanto,	
	Que lo pagáredes vos.	
Fraile dominico	Es Dios tan bueno... Él lo haga;	775
	que la esperanza no pierdo	
	de verte cristiano y cuerdo.	
Mangazil	Pero, en esto, de la paga,	
	¿qué tenemos?	

Fraile dominico	Yo confío	780
	que Dios te lo ha de pagar.	
Mangazil	Tampoco me he de enojar;	
	vaya con Dios, padre mío.	

(Vase.)

Fraile franciscano	Padre provincial ¿qué haremos?	
	En peligro y duda estamos;	785
	a la cosecha nos vamos,	
	sazonada mies perdemos;	
	lo sembrado en el Japón	
	se perderá en nuestra ausencia.	
Fraile agustino	No tema, padre, paciencia,	790
	que ya está la religión	
	bien fundada, y admitida.	
Fraile dominico	Padres, paréceme a mí	
	que nos volvamos aquí,	
	aunque arriesguemos la vida;	795
	es quedar desconsolados	
	si salimos del Japón,	
	los que ya cristianos son	
	es fuerza, y los bautizados,	
	si les falta la doctrina,	800
	a sus ritos volverán.	
Fraile franciscano	Cuidado y pena me dan.	
Fraile agustino	Pues, padre, ¿qué determina?	

Fraile dominico	Que procuremos volver, en su traje disfrazados, y estemos disimulados como indios, para poner ánimo cuando nos echen. En tierra volver podemos, ya que su lengua sabemos; nuestras vidas aprovechen a los japoneses fieles.	805

810 |
| Fraile agustino | Y ¿en qué vendremos? | |
| Fraile dominico | Rey mundo nos hará el cielo segundo; las capas serán bajeles; la gente que nos estima, sin duda nos seguirá, y al golfo se atreverá una chalupa; que anima mucho el religioso celo en los indios ya cristianos. | 815

820 |
Fraile franciscano	Démonos los tres las manos de volver a morir.	
Fraile dominico	¡Cielo, danos favor, danos brío!	825
Fraile agustino	La vuelta al Japón ordena.	
Fraile franciscano	¡Vuelva yo a pisar la arena de esta playa, Cristo mío!	

(Sale Tomás, niño.)

Tomás	Deo gracias.	830
Fraile dominico	¡Oh, Tomás! ¿De qué tu tristeza es?	
Tomás	Padre, si se van los tres, ¿qué me puede afligir más? ¿Cómo ayudaré yo a misa? ¿Cómo seré buen cristiano?	835
Fraile dominico	Dios es Padre soberano: vuelve en consuelo y en risa tus lágrimas, que ese mar	

(Clarín.)

	nos traerá a su playa presto.	840
Fraile franciscano	Un clarín suena; ¿qué es esto? Tocan a leva.	
(Dentro:)	¡A embarcar!	
Fraile dominico	Vamos, padres,	
Fraile franciscano	¡Adiós, hijo!	845
Fraile dominico	No haya descuido, Tomás, con el rosario.	

(Vanse.)

Tomás	Jamás olvidé lo que me dijo,

	y si me dejare el llanto,	850
	le rezaré cada día,	
	porque el nombre de María	
	es muy dulce, es nombre santo.	

(Sale Quildora con arco y flechas.)

Quildora	Liseo, di, ¿por qué estás	
	tan triste? Llorar te veo.	855
Tomás	Ya no me llamo Liseo;	
	llámeme, madre, Tomás,	
	o deje de ser mi madre.	
Quildora	Muy cristiano estás.	
Tomás	Si fuera	860
	buen cristiano, no tuviera	
	madre gentil.	
Quildora	Y tu padre,	
	¿no murió en mi religión?	
Tomás	Por esto está en el infierno;	865
	¡que no adore un Dios eterno	
	el Imperio del Japón!	
	¡Gran desdicha! Madre mía,	
	¿cuándo cristiana ha de ser?	
Quildora	Cuando iguale mi poder	870
	al Sol, que es padre del día;	
	cuando yo emperatriz sea	
	de este Imperio, siendo agora	
	una humilde cazadora	

	que en esos montes pelea	875
	con las fieras, pues vivimos	
	de su rendida fiereza;	
	cuando ciña mi cabeza	
	oro, perlas a racimos;	
	si esto es imposible, di,	880
	¿cuándo podré ser cristiana?	

(Dale la mano.)

Tomás   Acepto de buena gana
             la condición, porque así
             no pierdo las esperanzas.
             Déme la mano y la fe   885
             de cumplirlo.

Quildora   Sí haré:
             término infinito alcanzas.

Tomás   Ver quiero embarcar agora
             a mi padre Navarrete;   890
             paz el agua les promete:
             adiós, madre; adiós, Quildora.

(Vase.)

(Cantan Guale y Nerea dentro.)

Guale   Corzos que voláis por flores,
             huid si tenéis temor,
             que os buscan tres cazadoras   895
             que matan con flechas
             y mueren de amor.

Quildora	Guale me llama cantando:	
	responder así le quiero,	
	porque de su voz infiero	900
	que así me viene buscando.	
(Canta:)	Cazadoras que matáis	
	con flechas del ciego dios,	
	ya que a todos les flecháis,	
	curadlos de celos, matadlos de amor.	905
Nerea	Es hora que el monte vea,	
	dando a las fieras asombro,	
	flechar el arco del hombro.	
Quildora	¡Oh, Guale! ¡Amiga Nerea!	
	El Sol os escuche y vea:	910
	proseguid vuestra canción,	
	que los montes del Japón,	
	verdes columnas del cielo,	
	han sentido ya recelo	
	de tan hermoso escuadrón;	915
	Guale prosiga su canto	
	mientras que Polemo viene;	
	hiera tu voz, cuando suene,	
	como el aura crece el llanto;	
	que yo admiraré entretanto	920
	la gloria que el Sol envía	
	en esa dulce armonía	
	con que las penas ablandas.	
Guale	Yo prosigo, pues lo mandas;	
	así la canción decía:	925
(Canta:)	Corzos que voláis por flores,	
	huid si tenéis temor,	
	que os buscan tres cazadoras	

(Todos:)	que matan con flechas de celos de amor.	
	De los ojos de Nerea	930
	pudieran temblar mejor,	
	que iguala esta cazadora	
	en luz y belleza a los rayos del Sol.	

(Tayco en alto.)

Tayco	Fiero jabalí, ¿a qué parte	
	de las cerdas haces plumas	935
	por no volar con espumas	
	que la sangre han de lavarte?	
	Ave soy para alcanzarte.	
Nerea	¿Quién da voces?	
Quildora	Cazadores	940
	que flecharán pasadores	
	de algún corzuelo veloz;	
	no interrumpan esa voz	
	que escuchan vientos y flores.	
(Canta Guale:)	Cuatro ninfas que parecen	945
	hijas de ese blanco mar,	
	a la montaña se ofrecen	
	con arcos que flechan marfil y coral.	
Tayco	¡Oh, qué celestial grandeza	
	en este monte se ofrece!	950
	Los rayos del Sol parece	
	que imita naturaleza.	
	Esta divina belleza	
	tanto abrasa el pecho mío,	
	que entre el fuego y entre el frío,	955
	contrarios que el pecho pasa,	

                todo el corazón se abrasa
                y el alma confusa envío.
                Cuatro rostros celestiales,
                sin conocer lo que sea,   960
                me representan la idea;
                son divinos, no mortales.
                Nunca aquestos animales
                he visto; debe de ser
                esta la bella mujer   965
                que no han querido que vea;
                pero sea lo que sea,
                esta vez me he de perder.

Nerea   Una fiera ha descendido
                de aquel monte.   970

Quildora   Pues que muera
                a nuestras manos la fiera
                que a tus ojos se ha atrevido.

Tayco   Que no me tiréis, os pido,
                con aspectos celestiales.   975

Quildora   Donde nacen hombres tales,
                ¿mujeres te espantan, di?

Tayco   ¿Luego sois mujeres?

Quildora   Sí.

Tayco   ¡Ah, qué bellos animales!   980
                No he visto en toda mi vida
                otra ninguna mujer;
                divino es vuestro poder.

Quildora	Admiración nunca habida: bárbaro, ¿quién eres?	985
Tayco	Vida me da tu semblante airoso; hombre soy, y tan dichoso estoy de mirarte aquí que hoy el poder conocí de Dios en tu rostro hermoso.	990
Nerea	¡Vámonos de aquí, Quildora; no esperes más, por tu vida!	
Tayco	Mirad que lleváis mi vida; mira que el alma te adora.	995
Quildora	Dime quién te obliga agora a más respeto y decoro.	
Tayco	Vuestras deidades adoro, pero en margen tan hermosa, Venus son, y tú la rosa que corona granos de oro.	1000
Quildora	De tu extrañeza me espanto.	
Tayco	De tu belleza me admiro.	
Nerea	Ven, Quildora.	
Tayco	Ya suspiro.	1005
Quildora	¡Suéltame!	

Tayco	De ti me espanto.	
Quildora	Mira que me esperan.	
Tayco	¿Tanto rigor tienes?	1010
Quildora	Soy cruel.	
Tayco	¿No eres constante?	
Quildora	Y fiel.	
Tayco	Pues ¿por qué eres rigurosa?	1015
Quildora	Soy mujer.	
Tayco	Siendo hermosa, no fue perfecto el pincel.	
Quildora	Amor es perfecto ansí.	
Tayco	Y yo soy tuyo y constante.	1020
Quildora	Eres hombre.	
Tayco	Soy tu amante.	
Quildora	Yo soy mujer.	
Tayco	¡Ay de mí! has de ser mía.	1025

Quildora	No y sí.	
Tayco	No te entiendo.	
Quildora	Ahora no importa.	
Tayco	Esas crueldades reporta: no te vayas.	1030
Quildora	Ya no puedo.	
Tayco	¿Me dejas?	
Quildora	Contigo quedo.	
Tayco	Y yo sin vida.	
Quildora	No importa.	1035

(Vase.)

Fin de la primera jornada

Jornada segunda

(Salen Tayco y el Alcaide.)

Alcaide	Ya tienes, hijo, noticia	
	de las cosas que, en tu edad,	
	te han de enseñar la verdad	
	y han de vencer la malicia.	
	Cuanto supe te enseñé;	1040
	cuanto me dio la experiencia	
	en largos años, a ciencia	
	lo reduje.	
Tayco	Ya lo sé.	
Alcaide	Resta agora que, fingiendo	1045
	rústica simplicidad,	
	encubras la majestad	
	de quien eres discurriendo	
	por el Imperio y mostrando	
	a los reyes la justicia	1050
	que una tirana malicia	
	con poder te va usurpando.	
	Sepan quién eres y vean	
	que, por divino misterio,	
	eres capaz del Imperio	1055
	que regularte desean.	
	Sé modesto en las acciones,	
	porque dándote favor,	
	te aclamen emperador	
	supremo de los japones.	1060
Tayco	Padre, que este nombre debo	
	a tu amor y a tu crianza,	

pues por ti mi vida alcanza
nueva virtud y ser nuevo;
una cosa no me enseñas: 1070
sin ti la vi, y aprendiendo
que la siento y no la entiendo:
mas dirétela por señas:
vi la divina belleza
de la que llamas mujer, 1075
donde abrevió su poder
la madre naturaleza.
Sentí, al verla, una pasión,
un cuidado, unos antojos,
que parece que a los ojos 1080
se asomaba el corazón.
En su presencia sentía
un placer si me miraba,
un dolor si se ausentaba,
una gloria si me vía. 1085
Vivo, cuando estoy sin ella,
con tristeza y con cuidado,
y el pecho, regocijado,
salta cuando vuelvo a ella.
El corazón, si la veo, 1090
todo es placer, todo gloria,
y si no, con la memoria
la imagino y la deseo.
Dime, ¿qué es este temor
y esta animada osadía, 1095
esta pena y alegría,
esta vida y muerte?

Alcaide   Amor:
eso siente el hombre que ama.

Tayco	Dulce es amor y suave.	1100
Alcaide	Quien de su rigor no sabe,	
	dulce, como tú, le llama;	
	pero gustando el veneno	
	de los celos, el amor	
	es semblante de traidor,	1105
	áspides tiene en su seno.	
Tayco	¿Qué son celos?	
Alcaide	Un morir	
	por ver no queriendo ver,	
	que se sabe padecer	1110
	y no se sabe decir.	
	Pocos amaron sin ellos;	
	tú sabrás después quién son,	
	cuando a la dulce ocasión	
	quieras coger los cabellos.	1115

(Vanse.)

(Salen Quildora y Nerea en lo alto del monte.)

Quildora	Antes de bajar al valle,	
	que ya tus ojos desea,	
	quisiera decir, Nerea,	
	un secreto.	1120
Nerea	No lo calle	
	tu lengua, que si es de amor,	
	comunicado da gusto.	
Quildora	¿Viste aquel joven robusto	

	que, con rústico valor,	1125
	anda de mí enamorado?	
	Sabe que le quiero bien.	

Nerea	Y ya mis ojos le ven	
	cruel fiera de este prado:	
	¿a un bárbaro el alma das?	1130
	¿Un medio bruto te agrada?	

Quildora	Aun no estoy enamorada,	
	inclinada estoy no más;	
	Ese bárbaro que ves	
	habla como sabio y cuerdo,	1135
	y con los ojos le pierdo.	
	A sus fuerzas, a sus bríos,	
	yacen rendidos en tierra	
	los jabalís de la sierra,	
	los caimanes de los ríos.	1140
	A sus flechas, que son rayos,	
	que penetran elementos,	
	no están libres en los vientos	
	los hermosos papagayos.	

Nerea	Aunque alabanzas le des,	1145
	es un simple, es ignorante,	
	y al fin eliges amante	
	que no sabemos quién es.	

(Salen Tayco y el Alcaide.)

Tayco	Si yo emperador me veo,	
	tan grandes vendrán a ser	1150
	tu riqueza y tu poder,	
	que igualen a tu deseo.	

Alcaide	Verte libre y sabio, es
para mí el mayor tesoro;
como a emperador, te adoro;
como a rey, beso tus pies.	1155
Quildora	¡Mira el honor indecente
que le dan; aquel honor,
al Sol o al Emperador
se debe dar solamente.
¿Por qué ocasión un anciano
se le postra y sus pies besa,
y adorándole, confiesa
que es el rey más soberano?	1160
Nerea	Hará burla de la amiga;
no puede ser otra cosa.	1165
Quildora	Calle mi pena amorosa,
padézcase y no se diga.	
Alcaide	Tirando a las aves viene
el tirano Emperador;
disimula bien, señor.	1170
Tayco	Antes buscar me conviene
la que estimo y la que adoro,
que amo y ardo sin sosiego;
lloro por matar el fuego,
y me enciendo más si lloro.
Un caos, una confusión
siento en el alma sin ella:
adiós, padre, que la estrella
sigo de mi inclinación. | 1175

1180 |

(Vase.)

Alcaide Reverencia natural
le dan mis ojos al Sol:
hasta el Imperio español,
por los campos de cristal,
tu imperio alargue.   1185

(Vase.)

Nerea Quildora,
sus pasos puedes seguir.

Quildora Antes quiero resistir esta
inclinación agora;
descendamos, que después   1190
que como al Sol le vi dar
adoración singular,
imagino, amiga, que es
un salvaje, un simple, un loco,
si por cuerdo le tenía.   1195

Nerea El amor te engañaría,
que se contenta de poco.

(Van bajando del monte; el Emperador tirando al cielo un arco.)

Emperador Herido pájaro, subes
con plumas de tornasol,
para mediar al Sol   1200
dando púrpura a las nubes.
¿Dónde vas con la saeta
que te ha dejado sangriento?

Rastro dejas en el viento,
con que pareces cometa; 1205
mas ya se inclina su vuelo;
exhalación fuiste breve,
que la muerte no se atreve
a andar tan cerca del cielo.
Ya bajas hecho un rubí, 1210
de sangre tuya manchado;
ya pareces en el prado
una estrella carmesí;
cogerla será el empleo
del arco que al Sol consagro. 1215

(Tópase con las dos.)

¿Sois mujeres? ¡Oh, milagro
que ha formado mi deseo!
¿En los campos, hay belleza
que con los cielos compita?
mas dondequiera se imita 1220
la misma naturaleza.
Yo leí que una Diana
fue en las selvas cazadora,
más hermosa que el aurora
teniña de sangre y grana. 1225
Pensara que sois las dos
ninfas suyas, a no ser
la belleza en la mujer
bosquejo de la de Dios.

(Pónense de rodillas y tápanse los ojos.)

Quildora   Ni responder ni mirar 1230
al Emperador podemos.

55

Emperador	Esas son leyes y extremos que se pueden dispensar. ¿En qué me habéis conocido?	
Quildora	Una inmensa majestad es soberana deidad que del cielo ha descendido.	1235
Emperador	No encubráis más el valor de esos soles, yo lo mando.	
Nerea	Quildora, yo estoy temblando.	1240
Emperador	¿Es respeto o es temor?	
Quildora	Uno y otro.	
Emperador	Levantad. Descubrid esa luz pura; porque solo a la hermosura se rinde la majestad. ¿Cómo os llamáis?	1245
Quildora	Yo, Quildora; ésta, mi amiga, Nerea; nuestra patria es esta aldea, nuestro caudal es agora lo que adquieren nuestras manos, o cazando en esa sierra, o cultivando la tierra, oficio al fin de villanos; danos licencia, señor... con dos rústicas mujeres	1250 1255

	no estáis bien.	
Emperador	Ese es rigor, Quildora, y no cortesía.	1260
Quildora.	¡Qué han de saber dos villanas!	
Emperador	Di dos hermosas mañanas, dos albas hijas del día.	
Quildora	Cualquier talle, cualquier brío, parece en el campo bien; ese nombre no nos dé Su Majestad, señor mío.	1265
Emperador	¡Vive el Sol, que eres hermosa! El alma siento inclinada.	
Quildora	¿Qué mucho? También agrada tal vez la silvestre rosa.	1270
(Sale Bombura.)		
Bombura	Ya con las pintadas plumas cayó el pájaro, que fuera sin alma una primavera, bañado en sangre y espuma; vino a morir entre flores porque Su Alteza lo vea: ¡Válgame el Sol! ¿No es Nerea, la que me mata de amores y por quien dejé la ley del español que persigo? ¿No es éste el norte que sigo? ¡Ay de mí, si agrada al Rey	1275 1280

	soberano de este Imperio!	
	¡Ay de mí, si, Dayso adora	1285
	la que es luz, la que es aurora	
	de todo aqueste hemisferio!	
	¡Ruego al amor que no sea	
	tan hermosa para él,	
	como es para mí cruel!	1290

(Dentro, Tayco.)

Tayco ¡Quildora, Guale, Nerea!
 ¿Dónde estáis? ¿Qué selva o valle
 encubre vuestra deidad?

Bombura Antes que su voluntad
 más empeñada se halle, 1295
 quiero interrumpir sus labios.
 ¿Dónde permiten los cielos
 que la voz produzca celos
 y las palabras agravios?
 ¡Señor, ya cayó en el prado, 1300
 sacrificada a tu flecha,
 y globo de plumas hecha,
 el ave a quien has tirado!

Emperador ¿Qué importa?

Bombura Él está con ellas 1305
 con gusto y entretenido:
 fiero amor, ¿cuál habrá sido
 la que más agrada de ellas?
 Otra vez intento hacer
 que las deje, y muchas aves 1310
 de las nocturnas y graves

	que osaron aborrecer	
	el divino resplandor,	
	entre esas plantas no gimen.	
Emperador	¿Qué importa?	1315
Bombura	Nada. Ya oprimen	
	celos y dudas mi amor.	
(En alto, Tayco.)		
Tayco	¡Quildora, Guale, Nerea!	
	Responded a quien os llama,	
	esperad a quien os ama,	1320
	oíd a quien os desea.	
	No es la gloria que, conquisto	
	la que da hermosura al prado.	
	¡Vive el Sol, que me he turbado	
	esta vez de haberla visto!	1325
	El Emperador está	
	hablando con ella, y ella,	
	más enemiga y más bella,	
	nuevo tormento me da.	
	Siento una pasión tan fiera,	1330
	un cuidado y un pesar,	
	que la quisiera matar,	
	cuando adorarla quisiera.	
	No sé qué es esto: me inclino	
	con impulsos impacientes	1335
	a matarla con los dientes	
	por besarla de camino.	
	No sé si es rabia o temor	
	esto que en mi pecho lidia;	
	parece que siento envidia,	1340

	parece que siento amor.	
	Con un inculto misterio	
	aborrezco a Dayso agora,	
	más por hablar con Quildora,	
	que por quitarme el imperio.	1345
	Mármol soy que no se mueve,	
	helado y ardiente estoy,	
	que me parece que soy	
	volcán cubierto de nieve.	
	¿Qué enfermedad es la mía?	1350
	¿Qué mal nuevo es éste, cielos?	
	¿Si serán estos los celos	
	que Polemo me decía?	
	Sí, pues me siento morir;	
	sí, pues me siento perder;	1355
	sí, pues lo sé padecer;	
	sí, pues no lo sé decir.	
Emperador	Ya que violentas os tienen	
	majestades semejantes,	
	licencia y estos diamantes	1360
	os quiero dar.	
Tayco	Aquí vienen	
	de golpe mis sentimientos;	
	aquí sí que mi mal llega	
	al alma, y ella se anega	1365
	en abismos de tormentos.	
	Joyas les da; mi fatiga	
	llega al último pesar;	
	que quien da, quiere obligar,	
	y quien recibe, se obliga.	1370
	Y ya que sufrir no puedo,	
	mal que en el alma no cabe,	

	cuando la pena es tan grave,	
	viene a ser vileza el miedo.	
	Tío, tío, no les dé	1375
	los rayos del Sol ansí:	
	mejores son para mí,	
	y amigo suyo seré.	
	Porque estos dos le prometo,	
	que como sin barbas vienen,	1380
	que aunque más les dé, no tienen	
	vergüenza, amor ni respeto.	
Emperador	¡Simple, aparta!	
Tayco	No me llamo	
	ni aparta me diga, amigo;	1385
	Tayco dicen que me digo.	
Emperador	En señal y muestras que amo	
	honestamente, tomad	
	dos diamantes que al nacer	
	del día pudieran ser	1390
	su hermosura y claridad.	
Quildora	Las villanas, gran señor,	
	de diamantes no entendemos;	
	bástanos que visto habemos	
	al supremo Emperador.	1400
	La gloria de haber mirado	
	tus deidades soberanas,	
	es majestad que a villanas	
	ricas deja.	
Tayco	Habéis hablado	1405
	como hombre de bien las dos:	

	si a matar habéis salido	
	aves que dejan el nido,	
	perdonad aquestas dos.	
Emperador	¡Rey de Bombura!	1410
Bombura	¡Señor!	
Emperador	Hoy he formado en el pecho	
	una malicia: sospecho	
	que este simple tiene amor.	
	Siendo de celos capaz,	1415
	no es simple, de donde infiero	
	que en estos reinos espero	
	perturbación de la paz.	
	Ponedle una guarda fiel	
	que, a sus acciones atento,	1420
	le examine el pensamiento,	
	y que no se aparte de él.	
Bombura	Haráse: di si es Quildora	
	la que tu amor quiere y precia.	
Emperador	¡Qué curiosidad tan necia!	1425
	No lo sabréis por agora.	
Bombura	¡Que no he podido entender	
	cuál le da cuidado, cielos!	
(Vanse.)		
Tayco	Terrible mal son los celos:	
	esto causa una mujer.	1430
	Ya respiro; ya la vida	

	tiene su dominio entero, habiendo estado primero o dudosa o suspendida. Quildora, yo te agradezco la constancia que has tenido, el honor que has defendido y el favor que no merezco.	1435
Nerea	¿Cómo es esto? ¡Gran cordura en el hablar muestra ya!	1440
Quildora	Debe de ser que tendrá intervalos su locura.	

(Salen el Rey de Bombura y Mangazil.)

| Bombura | El supremo Emperador lo ha mandado, y le has de ser centinela, que has de ver si es cuerdo o loco pastor; este mozo has de guardar, sin apartarte un momento de su lado. | 1445 |
| Mangazil | Buen tormento es el que me quieren dar: si por ninguna ocasión en mi vida me pudrí, porque quiero ver ansí cuánto vive un buen poltrón, ¿cómo guardaré un jumento? | 1450

1455 |
| Bombura | [...] Ingenio tienes sutil; | |

	a sus acciones atento	
	has de estar.	1460
Tayco	El gavilán,	
	pájaros busca, atrevido:	
	¡Ox, Palomas; ox, al nido!	
	Porque seguras no están	
	con esta gente las aves:	1465
	Rey de poco más o menos,	
	en estos prados amenos,	
	¿qué buscáis?	
Bombura	Lo que tú sabes.	
Tayco	Si vos buscáis lo que sé,	1470
	sin duda buscáis muy poco,	
	pues si dicen que soy loco,	
	bestia soy, nada sabré.	
Quildora	¿No te dije yo, Nerea?	
	Ya le vuelve la locura.	1475
Nerea	Y yo no estaré segura	
	con este Rey que desea	
	darme enfados con su amor:	
	vámonos.	
Bombura	¡Espera, ingrata!	1480
Nerea	¡Cómo, si tu voz me mata!	
Bombura	Ya vives con tu rigor.	
Quildora	Vamos.	

Tayco	Yo podré rogarte	
	que esperes.	1485
Quildora	No de esa suerte.	
Bombura	¿Por qué huyes?	
Nerea	Por no verte.	
Tayco	¿Por qué os vais?	
Quildora	Por no escucharte.	1490

(Vanse las dos.)

Tayco	Buenos quedamos los dos	
	con este claro desprecio:	
	yo soy simple, vos sois necio;	
	remédienos solo Dios.	
Bombura	Tayco, esta guarda te dejo,	1495
	que siempre estará contigo,	
	porque yo la sombra sigo,	
	sin razón y sin consejo,	
	de un imposible de amor,	
	de una tirana mujer	1500
	que espanto pudiera ser	
	de las fieras su rigor.	

(Vase.)

Tayco	¿Tú me has de guardar aquí?
	¿Soy yo loco?

Mangazil	Hombre es de seso:	1505
	no reñiremos por eso;	
	él me ha de guardar a mí.	
Tayco	Este Rey es bellacón,	
	no tiene lealtad ni fe.	
Mangazil	En mi vida porfié;	1510
	digo que tienes razón.	
Tayco	Mas, bien mirado, es mandado,	
	su condición no me asombre.	
Mangazil	Es verdad, él es buen hombre,	
	como dice, bien mirado.	1515
Tayco	¿Eres mi guarda?	
Mangazil	No y sí,	
	como mandare.	
Tayco	Pues ven.	
Mangazil	Voy con él, que dices bien.	1520
Tayco	No vengas.	
Mangazil	Quédome aquí.	
Tayco	Y ¿sabrásme tú alcanzar	
	cuando corro o cuando lucho?	
Mangazil	Me desacomodo mucho,	1525

	no sé correr ni luchar,	
	no contradicen ninguno;	
	el otorgador me llaman.	
Tayco	En los corazones que aman,	
	no cabe secreto alguno;	1530
	mis celos dieron recelos,	
	sin duda, al Emperador;	
	disimulemos, amor;	
	finjamos locuras, celos.	
Mangazil	Iba por un haz de leña	1535
	al monte, y este cuidado	
	por pesadumbre me han dado.	
Tayco	Si a éste dejo, se despeña;	
	mi intención ya han de saber,	
	que tengo industria y valor;	1540
	si estoy con él, a mi amor	
	daré ausencias. ¿Qué he de hacer?	
	Válgame el ingenio aquí:	
	¿quieres que en aqueste prado,	
	que a sueño, nos ha brindado,	1545
	durmamos un rato?	
Mangazil	Sí,	
	que yo en ganas lo tenía;	
	pero lo tengo de atar,	
	porque me podrá costar,	1550
	si se va, la vida mía,	
	que es la cosa que más precio;	
	dicen que es tormento esquivo	
	atar con un muerto un vivo,	
	y un discreto con un necio.	1555

Tayco	Ata y duerme, camarada, que yo en la hierba me acuesto.	
Mangazil	Ataré y dormiré presto, que tengo bien sazonada la potencia dormitiva; cátedra puedo leer a un lirón.	1560

(Átale con una cuerda a Tayco, y duerme.)

Tayco	¡Que una mujer de los sentidos nos priva! Muero ausente, amando muero, solo vivo a su luz.	1565
Mangazil	Ea, atado está ya; ruin sea quien despertare primero.	
Tayco	Si vasallos desleales estos imperios me deben, y las desdichas se atreven a las personas Reales, ¿qué milagro que el amor se me atreva? Y ya sospecho que ha derramado en su pecho su melancólico humor el sueño. Quieran los cielos sacarme de este cuidado que el Emperador me ha dado con sospechas y recelos. Mientras en el campo está,	1570 1575 1580

	como es tirano y cruel,	
	no estaré seguro de él,	
	celos y pena me da.	1585
	Ansí Veré lo que pasa,	
	sin dar cuenta a este villano	
	de este prodigio inhumano	
	que me hiela y que me abrasa.	

(Ata el cordel a un laurel.)

Mangazil	¿Dormimos? Sí, que el cordel	1590
	siento firme y bien atado.	
	¡Buen animal saqué al prado;	
	tan grande soy como él!	
	¡Si me pudro de guardallo!	

(Sale el Rey de Bombura.)

Bombura	Mangazil, advierte bien	1600
	que aunque recelos te den...	

| Mangazil | Calle la bestia, pues callo. |

| Bombura | ¿Ese es tu cuidado infiel? |

| Mangazil | Duerma el simple, noramala. |

| Bombura | Ya tu simpleza le iguala. | 1605 |

Mangazil	Eso sí, firme el cordel,
	atado está todavía.

| Bombura | El Rey soy: ¡mira! |

Mangazil	Y ¡qué poco,
	Rey de cabras y de bueyes, 1610
	los locos se fingen reyes!
	Aunque yo conozco un loco
	tan simple, que maravilla,
	y se tiene, ¡lindo humor!,
	por el ingenio mayor 1615
	de la corte o de la villa.
(Levántase.)	¿Cómo el simple se te huyó?
Mangazil	Animal por animal,
	aquí estoy yo, y otro tal
	es quien de mí le fío. 1620
	Cerca estoy de que me pese:
	para mi poltronería,
	desdicha grande sería...
Bombura	¿Te dormiste?
Mangazil	El punto es ese. 1625
	Dióme a merendar lirones
	cocidos en escabeche
	de beleño, vino y leche.
	Como esta vez me perdones,
	otra dormiré a placer. 1630
Bombura	Detrás de él.
Mangazil	Con pies veloces.

(Dice Quildora dentro.)

Quildora	¡Ay de mí, Nerea!

Bombura	Voces escucho de una mujer.	1635
Quildora	¡Nerea!	
Bombura	Darán favor a su voz las manos mías, si ya no son tiranías de este injusto Emperador.	1640

(Vase.)

(Salen los tres religiosos vestidos de japoneses.)

Padre Navarrete	Tierra que espinas produces, hoy de nuevo te saludo, y espero en Dios que des flores, que son premisas del fruto.	1645
	Ya, padres, que en este traje salimos del mar profundo, no perdamos tiempo; den a Dios verdadero culto estos bárbaros; la mies copiosa, y no son muchos los obreros; Dios propague la cosecha en orden suyo.	1650
	Ea, compañeros míos, bien disfrazados, y ocultos, al Japón habemos vuelto: todos parecemos unos; quiera Dios que lo seamos en la fe.	1655
Fraile franciscano	Diversos rumbos	1660

	elijamos, dilatando
la Iglesia por este mundo.	
Fraile agustino	Yo predicaré en Fixén
y en Angalaqui.	
Navarrete	Yo cuido
de esta provincia en que estamos;
y quiera Dios, pues nos cupo
en suerte, de parecer
a los Apóstoles suyos.	1665
	Agora en él, dividirnos,
que un bosquejo y un rasguño
de esa caridad seamos.	1670

(Vanse todos.)

Fraile franciscano	Padre, adiós.	
Navarrete	El Trino y Uno
ponga eficaz elegancia
en Vuestras lenguas. No dudo,
¡Gran Señor! de tu piedad,
que estos idólatras rudos
a tu Iglesia ha de traer,	1675
	que es éste ligero curso.
Por estos campos he visto
romper dos humanos bultos
la esfera del viento; pienso
que es mujer, y algún insulto	1680
	va recelando su honor.
Entre estos cauces me encubro;
no es tiempo que me conozcan.	1685

(Encúbrese en unas ramas, y sale Quildora y el Emperador.)

Quildora	¿Cómo, cielos, estáis mudos, sin dar voces a un tirano, cuando rayos fueran justos?	1690
Emperador	Quildora hermosa, detente; ¿no ves, no sabes que oculto el mundo con mi poder, como el Sol, hermoso y rubio? ¿Quién de mí puede librarse? El mismo cielo, presumo, pues volví a encontrarle sola, que ha correspondido al gusto que tengo de estar contigo. Oveme agora.	1695 1700
Quildora	El que es sumo Emperador del Japón, ¿pierde así el decoro suyo? Quien compite con los dioses, ¿imita acciones del vulgo? Tanto es mayor tu delito.	1705
Emperador	Pues sin razón ni discurso te resistes al amor del que es inmortal trasunto de los dioses soberanos, ya deben hacerme tuyo la violencia y tiranía.	1710
Quildora	¡Válgame el Sol!	

(Sale Navarrete, y pónese en medio de los dos.)

Navarrete	Él no pudo	
	valer a nadie; su autor,	1715
	dueño y señor absoluto	
	del hombre, te ha de valer.	
	Monarca bárbaro, en cuyos	
	hombros estriba el imperio	
	de estos piélagos profundos;	1720
	¿cómo quebrantas las leyes	
	que la humana razón puso	
	a los hombres, siendo tú	
	quien sus fueros y estatutos	
	debe amparar?	1725
Emperador	¿Tú te atreves,	
	como fiera, como bruto,	
	a mi alteza y majestad?	
	Romperá el acero duro	
	de esta flecha, un pecho aleve	1730
	en quien tal audacia cupo.	
Navarrete	La violencia y tiranía	
	aborrece Dios, y puso	
	a su cuenta la venganza	
	del humilde y pobre.	1735
Emperador	Dudo	
	que eres hombre; di quién eres	
	que con secretos impulsos,	
	me detienes el brazo,	
	o mis fuerzas quitas.	1740
Navarrete	Busco	
	la salvación de las almas.	

Emperador	¿Eres, por ventura, alguno de mis dioses?	
Navarrete	Hombre soy, y son falsos y perjuros tus dioses, y solo el mío, es verdadero.	1745
Emperador	¿Qué escucho? ¿Cómo no te doy la muerte?	1750
Navarrete	No podrás, si el Dios que es sumo, Él licencia no te da.	
Emperador	¿Eres mágico?	
Navarrete	No supo la magia lo que sé yo.	1755
Emperador	¿Qué celestiales influjos me suspenden?	
Navarrete	Los de Dios.	
Emperador	¡Tente!	
Navarrete	Escúchame.	1760
Emperador	Me turbo en tu presencia.	
Navarrete	Tu vida pretendo solo.	

Emperador	Pues huyo:	1765
	no eres vida, sino muerte.	
Navarrete	¡Cómo! ¿Te vas?	
Emperador	Voy confuso.	
Navarrete	¿No eres tú Emperador?	
Emperador	No,	1770
	pues temo a un hombre.	
Navarrete	¿Quién pudo,	
	sino Dios, vencerte?	
Emperador	¡Cielos!	
	No soy Dayso si esto sufro	1775

(Vase.)

Navarrete	Tú, mujer, ¿quién imaginas	
	que te libra?	
Quildora	Eso pregunto.	
Navarrete	El Dios de los españoles,	
	cuyo sacerdote, cuyo	1780
	ministro soy del Dios bueno;	
	el que en una cruz se puso	
	para dar vida a los hombres.	

(Sale Tayco.)

Tayco	Los celos y amor presumo	
	que son veneno, que son	1785
	dioses de poder oculto	
	que me arrebatan el alma.	
	Siguiendo voy... mas ¿qué busco	
	desengaños y quietud	
	tan en vano?	1790
Navarrete	Murió el Justo	
	para pagar por nosotros,	
	y con su sangre nos trujo	
	al poder del Padre Eterno.	
Tayco	No me han visto entre estos juncos,	1800
	saetas del campo: quiero	
	escucharlos.	

(Llégase a ellos.)

Navarrete	Si dispuso	
	tu remedio, bien te quiso;	
	tenle amor, y sin descuido	1805
	pídele mercedes, que es	
	dueño del cielo y del mundo;	
	rica serás si le quieres.	
Tayco	Aquí les cojo en el hurto	
	de mis dichas; éste, en nombre	1810
	del tirano cruel e injusto,	
	a Quildora solicita:	
	quiero escuchar.	
Navarrete	Si discurso	
	tienes de razón, Quildora,	1815

77

	ama a este Señor.	
Tayco	¿Qué dudo? El Emperador la adora, y éste es su tercero.	
Navarrete	Un punto	1820
	es la humana vida solo; eternos años y lustros, inmortales siglos, vive quien va a su reino: trasunto	
	del retrato soberano	1825
	del Señor que amor te tuvo, he de darte, y pues has dado en Tomás a Dios tal fruto, que ya te conozco, toma.	

(Déle una imagen de Cristo crucificado.)

Tayco	Aquí mi desdicha escucho,	1830
	aquí se me arranca el alma; si responde bien, no dudo. Trances de amor, vientos leves, traed en orden confuso	
	a mis oídos su voz,	1835
	si ha de ser mi muerte.	
Quildora	Gusto	
	me ha dado escucharte; el tiempo, que dando vueltas y turnos	
	todo lo vence, quizás	1840
	mudará mi pecho y culto; daré el alma al Rey que dices, a quien beso y a quien juzgo	

	por igual del Sol.	
Tayco	¡Ah, cielos!	1845
	Ya con nuevas ansias lucho,	
	con la rabia y con la muerte:	
	árboles nunca desnudos	
	de las hojas que os vestís,	
	cristales blancos y puros,	1850
	¿cómo locuras no hago	
	cuando lágrimas produzco?	
	Daré voces a los vientos	
	porque en sus senos oscuros	
	formen rayos que me acaben;	1855
	pero a Quildora no culpo;	
	mi desdicha es solamente	
	quien me agravia.	
Navarrete	No procuro	
	darte enfado: adiós, Quildora,	1860
	estima esa imagen.	
(Vase.)		
Tayco	Tuvo	
	la muerte en pálidas sombras.	
	Mas ¡horror, hados injustos!	
	¿Qué penas me destináis?	1865
	Falsa ingrata, en quien no cupo	
	firme honor, ¿cómo rendiste	
	las altiveces y puntos	
	vanagloriosos que amor	
	Con tal pompa, con tal triunfo...	1870
	¿No tiene ley ni es esclava	
	la voluntad? No lo dudo:	

	pudiste rendirte; pero	
	si me agravio, si me injurio,	
	si padezco, si te adoro,	1875
	no es mucho, ingrata, no es mucho	
	que lo sienta y que me queje.	
	Ese retrato, que suyo,	
	en tus manos, dice que es,	
	dará a mis ojos confusos	1880
	la venganza y el sosiego,	
	porque en este tronco duro	
	le he de clavar, ¡vive el cielo!	
Quildora	Estás loco; espera.	
Tayco	Busco	1885
	mi remedio y mi venganza.	

(Quítale la imagen y clávala con la daga, y hácele sangre en la cara.)

Quildora	¿Qué, has hecho, bárbaro injusto?	
	Que es el Dios de los cristianos,	
	y aquel sacerdote suyo	
	que la ley me predicaba...	1890
	Loco estás.	
Tayco	Dime difunto.	
	¡Válgame el Sol soberano!	
	Es tu forma y ya se enoja,	
	reflejos de sangre roja,	1900
	rayos de púrpura humana,	
	ya de mi mano tirana	
	el mismo cielo se asombre.	
	¡Señor, perdonad, que el nombre	
	que tenéis yo no lo sé!	1905

¿Qué mucho que muerte os dé
si venís en forma de hombre?
Pero ya, si bien se advierte,
estáis vos crucificado
sin ser hombre desdichado: 1910
¿quién os dio, Señor, la muerte?
Caso es duro, trance es fuerte,
que siendo vos solo y uno,
os den dolor importuno
en edad tan juvenil; 1915
que acá tenemos diez mil,
y no matarnos ninguno.
Ni yo os niego, ni yo os creo,
que, si no es para serviros,
no os conozco, y del error, 1920
que me perdonéis deseo.
Enojado, Dios, os veo;
vuestras venas se rasgaron,
sangre viva me arrojaron;
mi cólera me engañó. 1925
¿Qué mucho que os hiera yo,
si los vuestros os mataron?

Quildora   Quien esto sabe decir,
no es simple, sino discreto.

Tayco   Dios del cristiano, en secreto 1930
un don os pienso pedir:
si me hacéis restituir
este imperio soberano,
tengo de hacerme cristiano.

Quildora   ¿Qué en secreto le dijiste? 1935

Tayco	Que te adoro.	
Quildora	Di que fuiste
muy celoso.	
Tayco	Y muy tirano.	
Quildora	El viejo que anda contigo,
buscándote viene: adiós;
que no quiero que a los dos
nos halle juntos.	1940
Tayco	No sigo
tu Sol, hermosa, por ver
a qué Lepolemo vino.	1945
Quildora	Escucharlos determino.
Aquí me quiero esconder.	

(Salen el Alcaide, Lepolemo y el Rey de Siguén.)

Alcaide	Hijo, buscándote viene
el Rey de Siguén, que es hombre
de valor, prudencia y nombre,
y amor de padre te tiene.
Dél te fía, que desea
verte señor del Imperio.	1950
Siguén	Dame tus pies.	1955
Quildora	¿Qué misterio
es éste? ¡No hay quien lo crea!	
Tayco	Levanta, Rey, y los brazos	

	serán en nuestra amistad	
	lazos de la voluntad.	1960
Siguén	Y serán eternos lazos.	
Tayco	Ya me ha dicho Lepolemo	
	que a mi padre amor tuviste,	
	y que obediente le fuiste.	
Siguén	A mi Emperador supremo	1965
	debo amor.	
Quildora	¡Válgame el cielo!	
	¿Se burlan de él? ¿Qué será?	
	Pero amor nuevo me da	
	ver que postrado en el suelo	1970
	le habla un Rey.	
Siguén	Tayco Soma,	
	que este nombre te es debido,	
	la ignorancia que has fingido,	
	a empresa heroica te llama.	1975
	Finge bien, porque te den	
	la locura y el desprecio	
	imperios.	
Quildora	Fingido necio,	
	con razón te quise bien.	1980
Siguén	Yo lo dispondré de modo	
	que muchos Reyes tomemos	
	las armas, y coronemos	
	tu persona Real.	

Quildora	En todo,	1985
	la dicha y el bien me falta.	
	No es su igual la sangre mía.	
	Solo cuerdo le quería,	
	mas no persona tan alta.	
Alcaide	Tayco, advierte que el amor	1990
	te ha de dañar, porque ansí	
	tendrá recelos de ti	
	el tirano Emperador.	
	Demás de esto, si te fías	1995
	de mujer, yo te prometo	
	que no te guarde secreto.	
Siguén	Haces mal si no desvías	
	esa pasión de tu pecho.	
	Reprímela, gran señor;	2000
	disimula, que el amor	
	muchos reinos ha deshecho.	
Tayco	Advertido estoy muy bien;	
	yo lo he de hacer de esa suerte.	
Siguén	A la noche vendré a verte.	2005

(Vanse.)

Tayco	Pues adiós. Rey de Siguén.	
	Perdonad, amor, que ya	
	enfreno vuestra pasión,	
	y el Imperio del Japón	
	alta esperanza me da.	2010
	Perdonad, amor, que agora	
	pienso coronar mi frente	

	la beldad resplandeciente	
	de los ojos de Quildora.	
	Perdone esta vez, amor,	2015
	que dais muerte con la ausencia;	
	[...]	
	cese ya vuestro rigor.	
Quildora	¡Tayco amigo!	
Tayco	¡Amigo yo!	2024
	Engañarme quieres, boba.	
	¡Qué bien entiendo la trova!	
	Sospecho que no soy yo.	
Quildora	¿En qué te puedo engañar,	
	si sabes que estimo mucho	2025
	tu persona?	
Tayco	Si esto escucho,	
	mal podré disimular.	
	Quildora, el Emperador	
	diz que te daba diamantes	2030
	al mismo Sol semejantes:	
	tomallos fuera mejor.	
	Ya me ha vuelto mi locura;	
	y cuando estoy más ajeno	
	de juicio, estoy más bueno,	2035
	pues olvido tu hermosura.	
Quildora	Tayco, no debes fingir	
	simplicidades agora	
	con la mujer que te adora.	
Tayco	¡Qué bien lo sabes decir!	2040

Quildora	Y sentirlo sé mejor.
Tayco	Luego ¿tú bien me has querido?
Quildora	Y ya te adoro.
Tayco	Este ha sido
	el primer gusto de amor. 2045
	Quildora me quiere bien:
	perdone el laurel supremo,
	perdóneme Lepolemo,
	perdone el Rey de Siguén.
Quildora	Temo, que amor has fingido. 2050
Tayco	Y ¿por qué no lo creías?
Quildora	Porque de mí no te fías.
Tayco	Luego ¿tú nos has oído?
Quildora	Y me ha pesado.
Tayco	¿De qué? 2055
Quildora	De que hombre humilde no seas.
Tayco	¿Por qué ese mal me deseas?
Quildora	Porque ansí te perderé.
Tayco	No sabe de amor quien dice
	que abomina del amor. 2060

Quildora	Rica soy con tu favor.	
Tayco	Amándote soy felice.	
Quildora	Si reinas...	
Tayco	Tuyo seré.	
Quildora	Si no reinas...	2065
Tayco	Tuyo soy.	
Quildora	Tayco, esta rosa te doy.	
Tayco	Vale más que un reino, a fe.	
Quildora	Lisonja ha sido famosa.	
Tayco	Llámala verdad suprema.	2070
Quildora	Si perdieres la diadema...	
Tayco	No perderé aquesta rosa. ¿Dónde podremos los dos vernos siempre?	
Quildora	En estos prados.	2075
Tayco	Contentos.	
Quildora	Y enamorados.	
Tayco	Pues adiós, Quildora.	

Quildora   Adiós.

Fin de la segunda jornada

Jornada tercera

(Salen el fraile, Mangazil y Nerea, con hábitos.)

Fraile franciscano	Ya que tuviste piedad	2080
	de la religión de España,	
	en el tiempo que acogías	
	religiosos en tu casa,	
	esos hábitos, amigo,	
	de tus tres huéspedes guarda,	2085
	porque mortajas tengamos	
	si el Emperador nos mata;	
	no hayas miedo que peligres	
	en guardarlos, porque amparan	
	a sus devotos los dueños	2090
	de sus religiosos santos.	
Mangazil	Ese amparo es menester,	
	porque es tanta mi desgracia,	
	que siendo guarda de un loco	
	me dormí con lindas ganas.	2100
	Huyóse el loco, y yo, agora	
	pudiera estar en la cama,	
	con los achaques de un miedo;	
	pero para todo hay traza:	
	si me buscan, me pondré	2105
	uno de éstos, si es que guardan	
	los hábitos, como dices,	
	a las personas honradas.	
Fraile franciscano	Domingo, Agustín, Francisco,	
	son sus dueños.	2110
Mangazil	En un arca	

| | los tendré, padre, guardados
si mi temor no los saca. | |
|---|---|---|
| Fraile franciscano | Nerea, ya que por ti
nos persiguen las tiranas
pasiones de un Rey injusto,
¿cuándo piensas ser cristiana? | 2115 |
| Nerea | No te puedo responder,
porque siguiendo la caza
o el amor de una Quildora,
suele venir Dayso Sama
al valle de estas aldeas.
Y pienso, si no me engañan
los recelos, que le he visto;
y huye, padre, si es que guardas
tu vida a mejor empleo. | 2120

2125 |
| Fraile franciscano | Dices bien: que Cristo traiga
aqueste Imperio a su Iglesia. | |

(Vase.)

| Nerea | Vosotras, flores y ramas,
que a las aves dais abrigo,
nido y sustento, sed causa
de que un fiero Emperador
no me ofenda, mudas plantas.
Ansí en diamantes de flores
y con verdes esmeraldas
de las hojas, os dé abril
hebras de líquida plata,
que me esconda en vuestros lazos. | 2130

2135 |

(Escóndese, y sale el Emperador.)

Emperador	Digo, pues, que ardientes llamas	
	de estos hornos han de ser	2140
	las que hoy me han de dar venganza.	
	Español era, sin duda,	
	el que con fuerzas bizarras	
	en mi pecho puso miedo:	
	sus imágenes sagradas,	2145
	que así las dicen, mandé	
	que a aqueste valle se traigan	
	y se abrasen.	
Rey de Bombura	Bien has hecho,	
	porque ya, señor, son tantas	2150
	las que dan a los japones,	
	que en nuestros ídolos faltan,	
	y el Sol no ve sacrificios	
	en el cristal de sus aras.	
	También te aviso, señor,	2155
	que tengo evidencias claras	
	de que Tayco no está loco,	
	y Quildora y él se aman	
	con extremo.	
Emperador	¡Vive el Sol,	2160
	que si esa villana ingrata	
	quiere a Tayco y me desprecia,	
	que he de darles muerte airada	
	a los dos!	
Nerea	Dichosa he sido	2165
	en oír tales palabras:	
	Quildora daré aviso;	

	présteme el cielo las alas,	
	porque salir no me sientan.	
(Vase.)		
Emperador	Si se finge simple, y trata	2170
	de cobrar su imperio Tayco...	
El rey de Bombura	Así lo pienso.	
Soldado 1	No vaya	
	tan alegre, pues va preso.	
Soldado 2	Este hombre es español	2175
	y entre los japones anda	
	predicándoles su ley;	
	escondido entre unas hayas	
	de este valle le encontramos.	
Emperador	Merecéis eterna fama:	2180
	agradezco este servicio.	
El rey de Bombura	Quiero dar priesa a que traigan	
	imágenes y rosarios;	
	como que amparo la causa	
	los cristianos escondidos,	2185
	a defenderlos, y caigan	
	en el lazo del olvido;	
	también he de hacer que vayan,	
	cuando la noche despliegue	
	temores y sombras vanas,	2190
	confesión pidiendo algunos,	
	porque oyendo esta palabra	
	los ocultos sacerdotes,	

	saldrán luego de las casas	
	que los amparan, creyendo	2195
	que confesión les demandan	
	algunos cristianos.	
Emperador	Dime,	
	¿eres español?	
Fraile franciscano	Ni engañan	2200
	ni mienten los sacerdotes	
	de Dios. Sí soy.	
Emperador	¿En qué tratas en	
	el Imperio?	
Fraile franciscano	En dar luz	2205
	de la verdad sacrosanta,	
	en enseñarle el camino	
	de la vida de las almas,	
	que éste es Cristo solamente.	
Emperador	Un hombre de buena cara,	2210
	ojos grandes, y mediano	
	de cuerpo, que cuando habla	
	parece que tira flechas	
	rasgando pechos y entrañas,	
	de quien oí las razones,	2215
	y con fuerzas soberanas	
	me suspendió y me detuvo,	
	¿quién es?	
Fraile franciscano	Si su voz te agrada,	
	por las señas le conozco.	2220
	Óyele.	

Emperador	¿Cómo se llama?
Fraile franciscano	Fray Alonso Navarrete;
	hombre noble, que en España
	tuvo ilustres ascendientes, 2225
	que en las letras y en las armas
	a Dios y a su Rey sirvieron.
	Las armas negras y blancas
	de Domingo, español santo,
	le agradaron, y en la casa 2230
	de Valladolid, famosa
	porque fue corona y patria
	de dos Felipes, segundo
	y cuarto, vida sagrada
	eligió, dejando el siglo, 2235
	que aún niño le despreciaba.
	Creció en virtudes, y en letras;
	y a la provincia que llaman
	Filipinas, pasó un tiempo.
	Enfermo volvióse a España, 2240
	y el celo de nuestra fe
	y conversión de las almas.
	Del Japón se partió a Roma,
	y la obediencia le manda
	volver a las Indias luego 2245
	con más ministros. Son tantas
	sus virtudes, que imposible
	será a mi lengua contarlas:
	es piadoso, es temeroso
	de Dios, tiene las entrañas 2250
	llenas de gran caridad;
	no reposa ni descansa
	predicando el Evangelio;

	si le prendes, si le matas,	
	vendrán infinitos luego	2255
	al honor de la guirnalda	
	del martirio, predicando	
	su ley, porque no acobarda	
	la muerte a los sacerdotes	
	de Cristo.	2260

Emperador   Calla, repara
              que crees mal tantas flores
              con tu sangre matizadas:
              llevadle preso, que pienso,
              sin que su Cristo le valga,   2265
              dar muerte a ese Navarrete,
              que con su nombre me espanta.

Soldado 2   Mangazil, señor, es hombre
              que ocultar suele en su casa
              cristianos; búsquele siempre,   2270
              y al momento se disfraza
              con los hábitos de aquellos
              que en el Japón predicaban,
              y sin duda de ellos sabe.

Emperador   Llega Mangazil.   2275

(Sale Mangazil con hábito negro, escapulario blanco y capilla de Francisco.)

Mangazil   ¡Loada
              sea la luz de los días,
              si es lo mismo que Deo gracias!
              Turbado estoy; por el loco
              me han de preguntar; Dios haya   2280
              piedad de fray Mangazil.

Emperador	¿Cómo en ese traje estabas?	
Mangazil	Dormíme por mis pecados, y soltóseme con rabia; que yo atado le tenía.	2285
Emperador	Los sacerdotes de España, ¿dónde están?	
Mangazil	Yo le dije: «Amigo, no se me vaya, que se enojará el señor.»	2290
Emperador	¿Cuántos tienes en tu casa?	
Mangazil	No hacen locos cosa buena, y sin decirme palabra, sin decir oxte ni moxte...	
Emperador	¡Bestia! ¿No acabas de entender lo que pregunto?	2295
Mangazil	No, señor, porque me tapa el capirote frailuno las orejas, y ésas malas.	
Emperador	¿Qué cristianos has guardado?	2300
Mangazil	Yo, señor, no guardo nada; que soy un hombre perdido.	
Emperador	¿Qué ley sigues, qué ley guardas?	

Mangazil	No tengo ley con ninguno,	
	porque es traidora, es ingrata	2305
	mi condición.	
Emperador	¿Tuyo es	
	el traje español que sacas?	
Mangazil	Yo y el traje somos tuyos,	
	todo lo puedes y mandas;	2310
	aquí está para servirte.	
Emperador	Vete, bestia, noramala.	
Mangazil	Para ti no hay resistencia;	
	voyme, pues que tú lo mandas.	

(Vase, y salen los que pudieren con rosarios.)

(Salen Tayco, Bombura y Tomás.)

Bombura	Ya las imágenes vienen	2315
	al incendio condenadas.	
Tayco	¿En qué ha podido ofenderos	
	gente que ni come ni habla?	
Emperador	Ya el horno, como un volcán,	
	diluvios de fuego exhala;	2320
	no haya en mí Imperio señales	
	de esta religión cristiana.	

(Salen por un escotillón llamas, y echan rosarios e imágenes.)

Navarrete   ¡Bárbaros, sin Dios, sin ley!

¿Qué furia infernal os mueve?
¿Qué república se atreve 2325
a los retratos de un rey?
Como son justos espantos
respeto y temor perdido,
ansí os habéis atrevido
al de Dios y al de sus santos. 2330
A quien hundió, ¡oh pueblo ciego!
Con prólogos de agua el mundo,
y en el diluvio segundo
lloverá abismos de fuego,
¿os atrevéis de esa suerte, 2335
sin que las nubes, con truenos
rasgando sus pardos senos,
fulminen rayos de muerte?
¿Del Dios de los elementos
echáis al fuego la imagen? 2340
¡Iras de los cielos bajen
rompiendo esferas de viento!
Mas no se eclipsan las luces
en prodigioso castigo,
pues que puede Dios conmigo, 2345
sacar del fuego sus cruces.
Daré espanto a esta Bolonia
del infierno con mi fe.
Sí, sí, guardado se ve
el horno de Babilonia. 2350

(Déjase caer dentro.)

Tayco   Echóse dentro. ¡Oh, español!
             ¡O sois loco, o sois divino!

Emperador   A mi venganza se vino;

	¡viven los rayos del Sol!	
Tomás	¡Padre Navarrete, padre!	2355
	¿Es posible que esto he visto?	
	¡Ayúdele Jesucristo!	
	¡Pida favor a su Madre!	
	¡Ay de mí, que ya los dos	
	no nos habemos de ver!	2360
Emperador	Cristiano debes de ser.	
Tomás	Sí, por la gracia de Dios.	
Emperador	¿Qué esperas siendo cristiano?'	
Tomás	Vida eterna.	
Emperador	Si tu vida,	2365
	cuando apenas es nacida,	
	puede expirar a mi mano,	
	¿cómo podrás ser eterno?	
Tomás	El alma, que es inmortal	
	tendrá vida celestial,	2370
	y la tuya en el infierno	
	padecerá eternamente,	
	que será siempre morir.	
Tayco	Eso nos sabéis decir;	
	no sois vos muy inocente.	2375
Emperador	¡Por las celestes esferas	
	que en diáfanas regiones	
	de los dioses son balcones	

	con azules vidrieras,	
	que el encantador cristiano	2380
	se sale vivo del fuego!	
	¡Daránle la muerte luego!	

(Tocan. Sale Navarrete con una tunicela blanca sembrada de flores, y guirnalda, cargado de imágenes y rosarios.)

Navarrete	Si mi Dios, con soberano	
	poder, el fuego formó,	
	fuera mucho desacato	2385
	que se atreviera al retrato	
	del mismo que le crió.	
	¡Que vuestras manos airadas	
	este delito cometan,	
	cuando a los cielos respetan	2390
	las cosas inanimadas!	
	Bárbaros, llenos de errores,	
	como a Dios respeto debe,	
	fuego produce la nieve,	
	y el fuego produce flores.	2395
	Oro ha sido y más precioso	
	la fe del Dios español,	
	y este fuego fue crisol,	
	porque salga más hermoso.	
	Estas imágenes bellas,	2400
	efectos del fénix hacen,	
	y entre las llamas renacen	
	más puras que las estrellas.	
Emperador	¡Prendedle! ¡Muera!	
Tayco	Eso no,	2405
	que si a su Dios ha librado,	

	¡vive el Sol que le he envidiado	
	y que he de librarle yo!	
	Que compitiendo los dos,	
	es mi fuerza más inmensa,	2410
	pues que vengo a ser defensa	
	de quien defiende a su Dios.	

Emperador   ¡Mueran ambos!

Tayco   ¡Vive el Sol,
               si Dios le debo llamar, 2415
               que este tronco ha de amparar
               al sacerdote español!

(Deshaga un tronco de un árbol y retíralos a todos.)

Tomás   ¡Déles, tío; déles, tío!

Tayco   No debéis de conocer
               el admirable poder 2420
               de mi fuerza y de mi brío.

Emperador   ¡Ténte, bárbaro!

Tayco   No puedo,
               que soy monte despeñado.
               ¡Huye, sacerdote honrado! 2425

Navarrete   Con mi Dios no tengo miedo.

Emperador   ¡Muera el traidor!

Tayco   Loco di,
               pues intento defender

	un Dios que tiene poder	2430
	para defenderse a sí.	
Navarrete	No es locura, ese es buen celo.	
Tayco	¡Huye, defiende tu vida!	
Navarrete	A Dios la llevo ofrecida.	
Tayco	¡Vete en paz!	2435
Navarrete	¡Guárdete el cielo!	

(Vase cada una por su puerta, y Tayco retirando los demás.)

Quildora	Nerea, en mi tierno amor	
	tiene más por modo extraño	
	la muerte en tu desengaño,	
	que la vida en mi temor;	2440
	desata silencios mudos,	
	vuelve otra vez a los labios	
	tu voz, y mátenme agravios	
	de toda piedad desnudos.	
Nerea	Han dicho al Emperador...	2445
Quildora	La muerte en sospechas toco.	
Nerea	Dicen que Tayco no es loco.	
Quildora	Sí es, pues me tiene amor.	
Nerea	Hanle dicho que le adoras	
	con tan puro sentimiento,	2450

	que usurpa aljófar al viento	
	de las lágrimas que lloras;	
	y que en amorosa unión,	
	de honesta correspondencia,	
	dais los dos dulce licencia	2455
	al poder de una afición;	
	por el Sol hermoso y puro	
	jura el fiero Emperador	
	que no ha de estar vuestro amor	
	ni aun en el cielo seguro;	2460
	porque le quieres, condena	
	tu vida, y tu amante muere,	
	Quildora, porque te quiere.	
Quildora	Es tan inmortal mi pena,	
	¡que aún lugar para morir	2465
	no ha de haber, injustos celos!	
	ya que les debo a los cielos	
	fuerza de amor y sentir,	
	templad su bárbaro fuego,	
	cielos, con sola una muerte;	2470
	caiga sobre mí la suerte,	
	pues a confesaros llego	
	el más generoso amor	
	que ven vuestras luces bellas.	
Nerea	Ya son vanas tus querellas,	2475
	que viene el Emperador.	

(Salen el Emperador y Bombura, y sacan atado a Tayco.)

Emperador	¡Villano! ¡Viven los cielos
	que has de morir! Un engaño
	ha de acreditar su daño

	y la verdad de mis celos.	2480
Bombura	Ya entiendo tu pensamiento.	
Quildora	¡Cielos, piedad!	
Emperador	Yo he sabido	
	como eres loco fingido,	
	y que tu bizarro aliento,	2485
	disfrazado en tu simpleza,	
	encubre mayor misterio,	
	pues pretendes un imperio	
	coronando tu cabeza	
	del laurel que de la mía	2490
	piensas quitar con mi muerte.	
Quildora	¿Ha habido trance más fuerte?	
	Llegó el desdichado día	
	de las venganzas de amor.	
Emperador	El cielo librar me quiso;	2495
	Quildora me dio ese aviso;	
	mira si es vano el temor.	
Tayco	¡Cielos! ¿Cómo puede ser	
	que Quildora me vendiera,	
	que tan poca fe tuviera?	2500
	No hay que dudar, es mujer.	
Emperador	¿Quién satisfacer pudiera?	
	Celos son los que lo han hecho.	
	Mas muero entre mis cautelas,	
	porque no sé si es Quildora	2505
	o Nerea quien le adora.	

Bombura	Pues tanto el alma desvelas, ¿qué te aflige, que las dos tienes delante?	
Emperador	Algún dios, piadosamente obligado, las trujo, ¡dulce ocasión! No hay más bien que amor espere; sabremos la que le quiere; pues tan manifiestas son de este fingido villano las traiciones que sabéis, blanco de flechas haréis su pecho [...] Atadle a un árbol.	2510 2515 2520
Bombura	Bien presto serás despojo cruel de la muerte.	
Quildora	Si por él no muero con manifiesto amor, ¿para qué me precio de fe constante? ¡Ay de mí! Si mi amor le digo aquí, será sentimiento necio, porque será confirmar su muerte. ¡Ay Dios! Si Nerea quisiera...	 2525 2530
Nerea	Pues ¿qué desea tu gusto?	

Quildora	Quiero estorbar	2535
	que muera Tayco, y no sé	
	el modo si no me ayudas.	

Nerea No ha merecido esas dudas
mi amistad; blanco seré
de las flechas, para dar 2540
la vida al que tanto estimas.

Quildora Con eso a vivir me animas.

Nerea Bárbaros fieros, ¿qué hacéis?
Bajad los arcos villanos;
¿no advertís que es esta vida 2545
la que a mí me presta aliento?
Templad el feroz intento,
y no la mano homicida.
Matadme a mí, no quebréis
el espejo en que mis ojos 2550
se miran; nuevos despojos
en mi corazón tenéis;
abridle con puntas fieras,
aunque si Tayco está en él,
la petición es cruel, 2555
pues alcanzarán ligeras.

Emperador ¡Tiradle!

Bombura ¡Mujer, desvía!

Nerea ¡Oh, tirano, Emperador!
¡Oh, Rey cruel! ¿Qué furor 2560
os mueve? Esta vida es mía,
y no cometió delito.

	Pues ¿por qué me la quitáis?	
	¿A qué monstruos imitáis	
	en la fiereza? No os quito	2565
	a vosotros el rigor,	
	ministros viles; tirad	
	a Nerea.	
Emperador	Esto es verdad;	
	resucite, pues, mi amor:	2570
	no es quien le quiere Quildora.	
Quildora	Dime, Nerea, ¿estás loca?	
	¿Qué ciego amor te provoca	
	para despeñarte así?	
	Necia, tu vida aventuras,	2575
	por nadie deja que muera;	
	darle mi vida quisiera.	
Tayco	Estrellas de luces puras,	
	hijas del Sol, no salgáis	
	a ver la crueldad mayor	2580
	que cupo en pecho traidor;	
	pues sus voces escucháis,	
	daré voces, no soy loco;	
	Emperador, cuerdo estoy,	
	trazando tu muerte voy;	2585
	mira si te estimo en poco.	
Quildora	O Tayco está sin seso,	
	o yo por él le perdí.	
Tayco	Pues Quildora me ha vendido,	
	escuche el cielo mis voces;	2590
	librad los arcos feroces;	

| | que me deis la muerte os pido;
encaminad a mi pecho
el pasador más cruel;
mirad que me viene en él | 2595 |
| | el corazón muy estrecho. | |

| Nerea | ¿Quién le ha turbado el sentido?
¿Veránle mis ojos muerto? | |

| Emperador | La verdad he descubierto;
dichosa cautela ha sido, | 2600 |
| | y más dichoso mi amor,
pues vive ya sin recelos. | |

| Bombura | Ya han confirmado mis celos
el desprecio y el temor:
a Tayco adora Nerea; | 2605 |
| | pero tarde ha de lograr
su intención; has de aguardar
a que ese bárbaro sea
el verdugo de tu vida. | |

| Emperador | Temo la suya perdida; | 2610 |
| | que yo a mi frente la quito
el laurel, que aunque mis leyes
justamente le condenan,
temo la traición que ordenan
contra mí los demás Reyes; | 2615 |
| | porque si él se ha descubierto,
es fuerza darle favor. | |

| Quildora | Yo le mataré, señor. |

| Emperador | Quildora, yo premiaré |

	tu favor; no seas ingrata.	2620
Quildora	Solo por salvar tu vida le pienso matar.	
Emperador	El cielo te guarde.	
Quildora	¡Piadoso celo me ha de hacer fiera homicida!	2625
Bombura (Aparte.)	Así encubres tu venganza, y yo ejecuto la mía.	

(Vanse.)

Tayco	Mujer, si ha llegado el día para cumplir tu esperanza con mortal ejecución, ¿qué aguardas? ¿Cómo no tiras? Dispara el arco si aspiras, Quildora, a nueva traición.	2630
Quildora	¡Mi bien, el alma te adora!	2635
Tayco	Dígalo el Emperador: no me desates.	
Quildora	Amor es quien me finge traidora. Qué, ¿no me quieres oír?	2640
Tayco	No pienso verte jamás.	

Nerea	Tayco, espera; ¿dónde vas?	
Tayco	¡A matarme!	
Quildora	¡Y yo a morir!	

(Vanse.)

(Sale el Emperador con una daga desnuda tras el Alcaide, y el Rey de Bombura.)

Emperador	La lengua te sacaré,	2645
	pues de Tayco me decías	
	que era simple, y no sabías	
	quién era, como mandé.	
	El juramento quebraste;	
	morirás como alevoso.	2650
Alcaide	Si este consejo celoso,	
	lo que tú le preguntaste,	
	ni rompí los dos secretos,	
	ni merezco ese rigor.	
	Las fieras tienen amor,	2655
	los celos hacen discretos;	
	pero si tu ofensa trata,	
	por ti le daré veneno.	
Bombura	Acepta; el partido es bueno	
	si Quildora no le mata.	2660
Emperador	Hazlo así; mas no me deben	
	paz los dioses soberanos.	
	Si hay en mi Imperio cristianos	
	que a sus ídolos se atreven,	

	¡mueran todos! Lleva luego	2665
	mi guarda y la de esta tierra.	
	Tóquense cajas; la guerra	
	se publique a sangre y fuego.	
	Prended a ese Navarrete,	
	que en prodigios me acobarda;	2670
	vaya a prenderlo mi guarda.	
Bombura	Larga vida te promete	
	el Sol, si a tu religión	
	das amparos soberanos.	
Emperador	¡Mueran todos los cristianos,	2675
	que perturban el Japón!	

(Vanse los dos.)

Alcaide	Tú morirás si no muero,	
	pues a los dioses agrado	
	en que viva coronado	
	el legítimo heredero.	2680

(Sale Tayco.)

Tayco	¡Padre!	
Alcaide	¿Para qué me llamas	
	padre, si no me obedeces?	
	Nombre de traidor mereces.	
	Tu divina sangre infamas	2685
	si consejos no recibes.	
	No soy tu padre, y advierte	
	que solicitas tu muerte	
	cuando enamorado vives.	

	Ya te dije que no fía	2390
	de la mujer el secreto;	
	el prudente y el discreto...	
Tayco	Dices bien, la culpa es mía.	
Alcaide	Aguárdame aquí; que voy	
	a solicitar que vengan	2695
	nuestros amigos, y tengan	
	estos dos imperios hoy	
	nuevo señor; ya han armado	
	gente de guerra en tu nombre.	
Tayco	Casi eres Dios, no eres hombre.	2700
Alcaide	Es mi amor quien te ha criado.	
(Vase.)		
Tayco	No me nombres al amor,	
	porque es un monstruo que temo,	
	tan prodigioso y supremo,	
	que aún es dulce su rigor.	2705
	Ofendióme el de Quildora,	
	y en medio de estos agravios,	
	desdenes siento en los labios,	
	pero el alma es quien la adora.	
(Tocan.)	Militares instrumentos	2710
	suenan; yo quiero escuchar	
	rumor que puede turbar	
	la paz de los elementos.	

(Van saliendo los que pudieren, armados, y traen presos a Navarrete y a Tomás, tocando cajas de guerra si pareciere, por palenque.)

Mangazil	Mi padre, pues me perdona,	
	yo le digo en confesión,	2715
	que aunque parezco sayón,	
	no tengo el alma sayona,	
	y su amigo soy mental.	
Navarrete	Yo voy con mucha alegría,	
	a que me amanezca el día	2720
	más hermoso y celestial;	
	pero dos cosas te pido.	
Mangazil	Trescientas puedes pedir.	
Navarrete	Recado para escribir,	
	y el hábito que has tenido	2725
	en tu casa, porque muera	
	en el Orden que profeso.	
Mangazil	Harélo, padre...	
Tomás	Yo beso	
	la cruz que llevo de cera,	2730
	mil veces, que alegre voy	
	a morir también.	
Navarrete	¡Tomás,	
	a vida dichosa vas!	
	Ten buen ánimo.	2735
Tomás	Sí; soy	
	soldado de Jesucristo.	
	Aunque tengo poca edad,	
	soy valiente.	

Bombura	Caminad, subid al monte.	2740

(Tocan y vanse.)

Tayco	¿Qué he visto? ¿Qué escucho? ¿Tanta alegría da al morir la ley de España? No se engaña, no se engaña quien tanto de Dios se fía. Si temor no da la muerte a un niño, y morir estima por su Dios, su Dios le anima; su Dios es divino y fuerte. La palabra cumpliré que le di; y a no ser tantos los que llevan estos santos, llenos de amor y de fe, los defendiera; no puedo: armados, y muchos son, y me priva de esta acción lo imposible, mas no el miedo.	2745 2750 2755

(Sale el Emperador.)

Emperador	No se templará mi saña mientras mis ojos no vieren ese Monte levantado de mi venganza y su muerte. Esos que a Cristo predican, de tal manera me encienden en ira, que soy volcán, y mi sed rabiosa crece	2760 2765

                    si ya no bebo la sangre
                    que sobre esas peñas vierten.
                    Derribad las enramadas,
                    porque mis ojos se alegren   2770
                    con la venganza que he dado
                    a mis dioses.

(Tócase una trompeta y vuélvese el monte, y parece entre peñas Tomás crucificado; a los pies, Navarrete con la cabeza en las manos y un hacha que la parte; el Franciscano al lado derecho de la cruz con una flecha en el pecho, y el fraile agustino al lado, atravesado con lanza.)

Tomás   No mereces
                 aun mirar los cuerpos santos
                 de estos padres.   2775

Emperador   ¿Cómo tienes
                 vida tú, y ellos han muerto?

Tomás   El camino me previenen
                 del cielo, y delante van.

(Tocan al arma, y sale Bombura.)

Bombura   Al arma, señor, previene,   2780
                 que tu Imperio, rebelado,
                 quiere quitar los laureles
                 de tu frente; huye a ese monte,
                 que vienen cincuenta Reyes
                 con ejército copioso;   2785
                 hasta las mismas mujeres
                 vienen con arcos y flechas,
                 y algún prodigio parece
                 de estos muertos españoles.

Emperador	Contra los dioses se atreven,	2790
	pues cuando les sacrifico	
	esos cuatro, son aleves.	

(Tocan al arma, y salen el Alcaide, Quildora y Guale, y armados los que pudieren.)

| Alcaide | ¡Muera este tirano, muera! |
| | ¡Viva Tayco! |

| Todos | ¡Viva y reine! | 2795 |

| Alcaide | Este es el mortal veneno |
| | que doy a Tayco. |

Emperador	Si quieren,
	agradecidos los dioses,
	darme la huida, bien pueden;	2800
	sus alas me preste el viento.

| Tayco | No te librará, aunque vueles. |

(Va tras el Emperador.)

| Nerea | ¡Morirán a nuestras manos! |

| Quildora | ¿Cómo no vengo la muerte |
| | de un hijo solo que tengo? | 2805 |

Tomás	¡Madre, madre, no se vengue!
	Cristo perdonó en la cruz.
	Pues mi martirio parece
	al suyo, perdón le pido

	para aquellos que me ofenden.	2810

(Parece Tayco, y el Emperador arriba.)

| Tayco | Precipitado, del monte
has de bajar, a que beses
la sangre que has derramado
de españoles inocentes. | |
|---|---|---|
| Emperador | ¡Dioses, si poder tenéis,
haced agora de suerte
que a Cristo y a sus ministros
coja entre mis brazos; denles
en mi muerte, muerte fiera,
para que de ellos me vengue!
¡Ah, cristianos! Este mal,
de vuestras manos me viene,
consolado muero en ver
que es ya muerto Navarrete,
que mi fin pronosticó,
y no lo ve. | 2815

2820

2825 |

(Cae despeñándose.)

| Navarrete | No te alegres;
que sí lo veo. | |
|---|---|---|
| Emperador | ¡Ay de mí!
¡Rabiando muero! | 2830 |
| Tayco | Si sientes
la muerte de un hijo tuyo,
Quildora, a un esposo tienes:
dame tu mano. | |

Quildora	Seré	2835
	tu obediente esclava siempre.	

(Danse las manos.)

Tomás	Los cielos me han dado vida	
	amada madre, hasta verte	
	Emperatriz del Japón.	
	Cumple tu palabra.	2840
Tayco	¿Quieres	
	decirme qué prometiste?	
Quildora	Ser cristiana.	
Tayco	Y lo prometes	
	con mi gusto, y yo también;	2845
	pero el secreto se quede	
	hasta reinar, y con esto	
	el perdón y fin se deben	
	al suceso del Japón	
	del año que está presente.	2850

Fin

Libros a la carta
A la carta es un servicio especializado para
empresas,
librerías,
bibliotecas,
editoriales
y centros de enseñanza;
y permite confeccionar libros que, por su formato y concepción, sirven a los propósitos más específicos de estas instituciones.
Las empresas nos encargan ediciones personalizadas para marketing editorial o para regalos institucionales. Y los interesados solicitan, a título personal, ediciones antiguas, o no disponibles en el mercado; y las acompañan con notas y comentarios críticos.
Las ediciones tienen como apoyo un libro de estilo con todo tipo de referencias sobre los criterios de tratamiento tipográfico aplicados a nuestros libros que puede ser consultado en Linkgua-ediciones.com.
Linkgua edita por encargo diferentes versiones de una misma obra con distintos tratamientos ortotipográficos (actualizaciones de carácter divulgativo de un clásico, o versiones estrictamente fieles a la edición original de referencia).
Este servicio de ediciones a la carta le permitirá, si usted se dedica a la enseñanza, tener una forma de hacer pública su interpretación de un texto y, sobre una versión digitalizada «base», usted podrá introducir interpretaciones del texto fuente. Es un tópico que los profesores denuncien en clase los desmanes de una edición, o vayan comentando errores de interpretación de un texto y esta es una solución útil a esa necesidad del mundo académico.
Asimismo publicamos de manera sistemática, en un mismo catálogo, tesis doctorales y actas de congresos académicos, que son distribuidas a través de nuestra Web.
El servicio de «libros a la carta» funciona de dos formas.
1. Tenemos un fondo de libros digitalizados que usted puede personalizar en tiradas de al menos cinco ejemplares. Estas personalizaciones pueden ser de todo tipo: añadir notas de clase para uso de un grupo de estudiantes, introducir logos corporativos para uso con fines de marketing empresarial, etc. etc.

2. Buscamos libros descatalogados de otras editoriales y los reeditamos en tiradas cortas a petición de un cliente.

www.ingramcontent.com/pod-product-compliance
Lightning Source LLC
LaVergne TN
LVHW041259080426
835510LV00009B/808